游泳运动与健康促进

陈安平　王晶晶——著

山西出版传媒集团
山西人民出版社

图书在版编目（CIP）数据

游泳运动与健康促进 / 陈安平，王晶晶著. -- 太原：山西人民出版社, 2025. 6. -- ISBN 978-7-203-14026-9

Ⅰ. G861.1；R193

中国国家版本馆CIP数据核字第2025768Z3N号

游泳运动与健康促进

著　　者： 陈安平　王晶晶
责任编辑： 吕绘元
复　　审： 刘小玲
终　　审： 李　颖
策　　划： 张慧兵
装帧设计： 中尚图

出 版 者： **山西出版传媒集团 · 山西人民出版社**
地　　址： 太原市建设南路 21 号
邮　　编： 030012
发行营销： 0351-4922220　4955996　4956039　4922127（传真）
天猫官网： https://sxrmcbs.tmall.com　电话：0351-4922159
E-mail： sxskcb@163.com　发行部
sxskcb@126.com　总编室
网　　址： www.sxskcb.com

经 销 者： **山西出版传媒集团 · 山西人民出版社**
承 印 厂： 炫彩（天津）印刷有限责任公司

开　　本： 787mm × 1092mm　1/16
印　　张： 12
字　　数： 210千字
版　　次： 2025 年 6 月　第1 版
印　　次： 2025 年 6 月　第1 次印刷
书　　号： ISBN 978-7-203-14026-9
定　　价： 98.00 元

目　录

第一章　游泳概述

第一节　游泳的起源与发展

一、古代游泳的起源

水乃生命之源，人类文明的发源地在大江大河流域。由于江河流域的物质资源丰富，土地肥沃，非常适合人类生存或居住，所以人类依水而居，依水而生。人类为了获取食物，需要上山狩猎，下水捕鱼；为躲避猛兽的袭击，人类常常要跋山涉水寻求生机；在洪水泛滥之际，人类不断与水作斗争，利用水，征服水，周而复始。久而久之，人类逐渐学会了游泳，初期以两栖动物为食，并模仿它们的游泳动作在水中活动，随之掌握了游泳、漂浮、潜泳等技能，逐渐形成了各种泳式。

据史料记载，5000 年以前的中国陶器雕刻上便出现了水鸟、古人潜水狩猎，以及像爬泳的图案。相传早在 4000 多年前，人们为了抵抗洪水，就发明了不少泅水的方法。

约在 2500 年前，我国最早的诗歌总集《诗经》中有这样一句话："就其深矣，方之舟之；就其浅矣，泳之游之。"这表明当时的人们已能利用游泳技能，化解自然江河带来的威胁，进而开展一些水中活动。

春秋战国时期，哲学家庄子在《庄子·秋水》中云："夫水行不避蛟龙者，渔父之勇也。"反映出人们经常靠游泳捕猎水中的动物，并且已经有了较高的技术水平。

由于生产力的发展、阶级的产生，以至于社会矛盾越来越激烈，导致战争发生，游泳被广泛运用在军事活动中。相传 3100 多年前周朝吕望（姜太公）所作《六韬·奇兵》，其中有这样的描述："奇技者，所以越深水渡江河也。"将"越深水渡江河"作为奇兵的一项特殊军事技能，明确了游泳技术在军事领域的重要地位。同时，《孙子兵法》等古代兵书均将游泳列为军事训练的重要项目。

游泳活动的娱乐功能也是其得以持续发展的重要因素。人们从沐浴开始与水相伴，随后在水中嬉戏玩耍，进而逐渐衍生出各种水中娱乐活动。春秋时期的天池、汉朝的太液池等都是古代贵族修建的游泳场所，贵族们时常前往戏水。南北朝时，游泳不仅在贵族群体中盛行，而且在民间也颇为流行。隋唐时期，宫廷专门建有可供进行跳水、游泳、抛水球等活动的水殿。据宋朝孟元老所著《东京梦华录》中记载，宋徽宗赵佶常常驾车到水殿，就是为了观看惊险的水秋千表演。北宋文学家苏轼在《日喻》中说："南方多没人，日与水居也，七岁而能涉，十岁而能浮，十五而能没矣。……日与水居，则十五而得其道；生不识水，则虽壮见舟而畏之。"这表明当时我国南方地区的大多数人都熟悉水性，并且掌握了泅水技巧。

二、现代竞技游泳运动的发展

现代竞技游泳运动起源于英国，19 世纪中期随西方文化传入各英国殖民地。1828 年，英国人在利物浦乔治码头修建了世界上第一个室内泳池，之后英国各大城市陆续修建泳池，游泳比赛应运而生。1837 年，英国伦敦成立了第一个游泳组织，同时举办了最早的游泳比赛。我国游泳运动虽然起源较早，但是主要是作为健身、表演或捕鱼的一种方式，并没有发展成为现代竞技游泳运动。

1888 年，法国著名教育家顾拜旦提议恢复奥林匹克运动会，此建议迅速获得众多国家和民众的支持。

1894 年 6 月，国际体育会议于法国巴黎召开。会议决定，奥林匹克运动会每 4 年举办一届，同时成立奥林匹克运动委员会。

1896 年，首届现代奥林匹克运动会在希腊举行，游泳项目被列入众多竞赛项目之中。彼时，比赛项目仅有男子 100 米、500 米、1200 米自由泳。

第 2 届奥运会增设了仰泳、障碍泳和潜泳竞赛项目。到了第 3 届奥运会，取消了障碍泳和潜泳，仅保留自由泳和仰泳，比赛距离以码为单位进行计量。

1908 年，第 4 届奥运会在英国伦敦举办，国际游泳联合会（简称国际泳联，2023 年 1 月改称世界游泳联合会）在此期间成立。该联合会审定了各项游泳世界纪录，制定了国际游泳比赛规则，规定比赛距离单位由码变更为米，比赛项目新增了 100 米、400 米、1500 米自由泳，4 × 200 米自由泳接力，100 米仰泳和 200 米蛙泳。

1912 年，第 5 届奥运会在瑞典斯德哥尔摩举行，女子游泳项目首次被纳入比赛范畴，当时的女子游泳项目涵盖 100 米自由泳和 4 × 100 米自由泳接力。

1952 年，国际泳联决定在第 15 届奥运会中增设蝶泳项目，并将蛙泳和蝶泳分为两个独立的比赛项目。自此，竞技游泳由蝶泳、仰泳、蛙泳、自由泳这 4 种泳式构成。此后，蛙泳发展出潜水蛙泳。

自 1956 年起，国际泳联决定禁止在比赛中使用潜水蛙泳技术。随着游泳技术的发展，游泳规则历经多次修改。自 2008 年第 29 届奥运会起，比赛项目增至 34 项，其中包括在公开水域进行的男女 10 公里马拉松游泳。此后，奥运会游泳项目成为金牌数量仅次于田径的大项。

任何一个国家游泳队的技术水平，都能通过奥运会游泳比赛成绩体现出来。

在第 1、2 届奥运会上，英国、匈牙利、澳大利亚和德国的成绩较为出色。从第 3 届奥运会开始，美国的成绩便一直处于领先地位。此外，英国在第 4 届、日本在第 10 届、荷兰在第 11 届、匈牙利在第 15 届奥运会中，均斩获 4 枚以上金牌，在游泳项目中堪称强国。

到了第 16 届奥运会，澳大利亚游泳队惊艳世界，在比赛中一举夺得 8 项冠军，而当时的男女项目总共才 13 项。

20 世纪 60 年代，美国队在所有游泳比赛项目中占据绝对优势。20 世纪 70 年代，民主德国女子游泳队发展迅猛，在世界性大赛上始终以绝对优势位居榜首。1988 年第 24 届奥运会，民主德国在女子 15 项比赛中斩获 11 项冠军，而美国男子游泳队依旧保持领先。

20 世纪 90 年代是世界泳坛列强争雄的时期。从 1992 年第 25 届奥运会至 2000 年第 27 届奥运会，美国虽仍保持领先，但澳大利亚、匈牙利、俄罗斯等世界游泳强国紧随其后。第25届奥运会，中国女子游泳队强势崛起，夺得4枚金牌。一些并非传统游泳强国的国家，在比赛中争金夺银，如爱尔兰获得3枚金牌，南非和新西兰各获2枚金牌，比利时和哥斯达黎加各夺得1枚金牌。第27届奥运会，意大利获得3枚金牌，乌克兰和罗马尼亚分获2枚金牌。

表1–1–1　现代奥运会游泳金牌统计表（截至2024年巴黎奥运会）

排名	国家	男子	女子	混合	总计
1	美国	155	109	1	265
2	澳大利亚	36	41		77
3	德国	18	36		54
4	匈牙利	17	13		30
5	日本	17	6		23
6	英国	16	5	1	22
7	荷兰	10	9		19
8	中国	6	12		18
9	俄罗斯	14	3		17
10	法国	11	1		12
10	瑞典	9	3		12
12	加拿大	6	5		11
13	南非	3	5		8
14	意大利	6	1		7
15	独联体	5			5
16	爱尔兰	1	3		4
16	乌克兰		4		4
18	丹麦	2	1		3
18	罗马尼亚	1	2		3
20	突尼斯	2			2
20	西班牙	2			2
20	津巴布韦		2		2
20	新西兰	2			2
24	奥地利	1			1
24	希腊	1			1

续表

排名	国家	男子	女子	混合	总计
24	阿根廷	1			1
24	新加坡	1			1
24	哈萨克斯坦	1			1
24	立陶宛	1			1
24	韩国	1			1
24	巴西	1			1
24	波兰		1		1
24	比利时	1			1
24	哥斯达黎加		1		1
24	墨西哥	1			1
24	南斯拉夫		1		1
24	苏里南	1			1
24	保加利亚		1		1

近年来，世界竞技游泳运动水平稳步提升，各项游泳世界纪录屡被刷新。截至 2024 年，男子 100 米自由泳 50 米池的世界纪录为 46.40 秒，由中国选手潘展乐在 2024 年巴黎奥运会上创造。女子 100 米自由泳 50 米池的世界纪录为 51.71 秒，由瑞典选手舍斯特伦在 2017 年第 17 届国际泳联世锦赛中创造。

随着时间的推移，更多其他领域的专业知识被引入游泳选材、训练监控和竞赛之中，这成为竞技游泳水平快速提高的重要原因。

随着游泳运动的发展，国际泳联认为每 4 年一届的奥运会游泳比赛间隔时间过长，无法满足项目发展需求，决定在两届奥运会之间增设世界游泳锦标赛。首届世界游泳锦标赛于 1973 年举办。1978—1998 年，赛事举办间隔多次调整，自 2001 年起恢复为每两年举办一次。

继世界游泳锦标赛后，国际泳联自 1990 年起还推出了世界杯短池游泳系列赛。该赛事通常在每年的 11、12 月至次年的 1、2 月期间于 25 米池举行，比赛分多个分站，在美洲、亚洲、欧洲等不同城市进行，每站比赛持续 2 天，共设 34 个项目。自 1993 年起，国际泳联又新增了世界短池游泳锦标赛，同样为每两年举办一届。

随着游泳运动的创新完善，人们的多样化需求得到满足。同时，游泳的功能也在向多元化方向发展，成为竞技、娱乐、健身、艺术、救生、休闲、军事于一体的运动项目。

三、我国现代游泳运动的发展

我国竞技游泳运动于 19 世纪中叶由欧美国家传入。据记载，我国游泳运动在沿海城市率先发展，之后传入内地。1887 年，广州修建了国内第一个室内泳池，随着室内泳池的陆续修建，国内竞技游泳比赛也开始出现。

1910—1948 年，我国总共举办了 7 届全国运动会。1924 年第 3 届全国运动会后，游泳项目正式设立。除全国运动会外，规模较大的比赛还有华北运动会游泳比赛。

这些比赛促进了各地游泳运动的开展，但在当时内忧外患的形势下，我国游泳项目发展较为缓慢，游泳比赛水平尚处于初级阶段。1948 年的全国游泳纪录水平仅相当于如今的二级运动员水平。

中华人民共和国成立后，党和政府大力支持开展游泳项目，我国拥有很多江河湖海等天然水域，这也为开展游泳项目提供了有利的条件。1952 年 9 月，广州市举办全国游泳竞赛大会，五大行政区（华北、东北、中南、华东和西南地区）、解放军和铁路工会参加。也是自 1952 年起，我国开始每年举办一届全国性的游泳比赛。与此同时，我国游泳运动员开始踊跃参与国际赛事，运动成绩也有了显著提升。

1953 年，我国游泳健儿吴传玉在国际青年友谊运动会赛场上，斩获 100 米仰泳冠军，五星红旗首次在国际竞技赛场冉冉升起。1954 年，他又在第 12 届世界大学生运动会游泳比赛中，荣获 100 米仰泳和 100 米蝶泳两项亚军。

1966 年 7 月 16 日，73 岁的毛泽东第 12 次畅游长江。毛泽东指出：“游泳是同大自然作斗争的一种运动，你们应该到大江大河去锻炼。”“长江水深流急，可以锻炼身体和意志。”“学游泳有个规律，摸到了规律就容易学会。”毛泽东畅游长江后，各地纷纷依据各自的实际情况开展起了声势浩大的学游泳活动。有条件的省市积极响应国家号召，修复和新建了一批游泳池馆。

我国竞技游泳通过请进来、走出去等方式与游泳强国进行交流，探索适合自身的训练理论和体系，积极推动竞技游泳运动快速发展。

1982 年 12 月，国家体委于河北保定召开全国游泳训练会议，提出了发展游泳运动的构想。为推动游泳运动的发展，相关部门确定了一批游泳训练基地，积极开展建设“游泳之乡”“游泳之城”，以及“先进池馆”的活动。为激励游泳运动员刻苦训练，国家制定了《游泳运动技术等级标准》，并多次进行修订，最新修订版于 2021 年颁布。

为完善游泳项目后备人才的培养，我国于 1985 年开始举办全国青少年运动会游泳比赛。之后，为建立合理的比赛制度，将每年春秋两次比赛调整为全国游泳冠军赛和全国游泳锦标赛，同时增加了全国城市运动会和全国短池游泳锦标赛。

1982 年，在第 9 届亚运会上，我国游泳运动员实现了中国游泳金牌零的突破。

1988 年，在广州举办的第 3 届亚洲游泳锦标赛上，我国运动员杨文意在 50 米自由泳决赛中，以 24.98 秒的成绩创造了新的世界纪录。同年，在汉城举办的第 24 届奥运会上，中国游泳队打破奥运会游泳奖牌零的纪录。

1990 年，在第 11 届亚运会上，我国游泳健儿一举夺得 23 枚金牌，首次超越日本，中国游泳队成功跻身亚洲强队行列。1992 年，在巴塞罗那举办的第 25 届奥运会上，中国女子游泳队队员林莉夺得女子 200 米个人混合泳金牌并创造新的世界纪录；杨文意获得 50 米自由泳金牌并再次打破世界纪录；庄泳获得 100 米自由泳金牌；钱红获得 100 米蝶泳金牌。这是我国首次在奥运会上获得游泳金牌，实现了历史性的突破。1998 年，在珀斯举办的第 8 届世界游泳锦标赛上，中国男子游泳队队员曾启亮获得 100 米蛙泳银牌，成为中国游泳队在世界游泳锦标赛中第一位获得奖牌的男子选手。

2008 年，在北京奥运会游泳比赛中，庞佳颖获得女子 200 米自由泳季军并打破该项目的世界纪录。2009 年，在罗马世界游泳锦标赛上，张琳以 7 分 32 秒 12 的成绩获得 800 米自由泳冠军并打破世界纪录，成为中国男子游泳首个世界冠军。

2011 年，在上海世界游泳锦标赛上，孙杨在男子 1500 米自由泳比赛中以 14 分 34 秒 14 的成绩打破世界纪录。此后，他成为世界泳坛历史上唯一获得男子

200米、400米、1500米自由泳奥运会、世锦赛大满贯，世锦赛男子400米自由泳四连冠、男子800米自由泳三连冠的游泳运动员。此外，孙杨还是男子自由泳个人单项金牌数世界第一的游泳运动员。2012年，在伦敦奥运会上，叶诗文获得200米混合泳和400米混合泳金牌，并在400米混合泳比赛中打破该项目的世界纪录。2015年，在喀山世界游泳锦标赛上，宁泽涛在男子100米自由泳比赛中获得冠军，成为中国男子游泳首个100米自由泳世界冠军。2017年，在布达佩斯世界游泳锦标赛上，徐嘉余在男子100米仰泳比赛中获得冠军，成为中国男子游泳首个100米仰泳世界冠军。

2020年东京奥运会受疫情影响，将比赛时间调整到2021年，美国游泳队虽然在本届游泳比赛中比往届成绩有所下降，但是仍然取得了11金、10银、9铜的成绩，在游泳项目中依然是获得奖牌最多的队伍。澳大利亚游泳队在这届比赛中表现出色，特别是女子项目拿到了8金，总奖牌榜排名第2。中国游泳队在本届奥运会游泳项目中获得3金、2银、1铜，共6枚奖牌，总奖牌榜排名第4。其中，张雨霏获得200米蝶泳金牌和100蝶泳银牌，汪顺获得200米混合泳金牌，中国女将在4×200米自由泳接力上也获得金牌。另外，中国队还获得男女4×100米混合泳接力银牌，李冰洁获得女子400米自由泳铜牌。

在竞技游泳比赛发展的同时，群众游泳运动也在积极推进。1998年，国家体育总局颁布《全民健身游泳锻炼标准》，成立中国游泳协会成人委员会，并于广州首次举办全国成人分龄游泳比赛。为纪念毛泽东畅游长江，引导广大人民群众参与游泳健身，中国游泳协会还举办了全民游泳健身周活动。

如今，游泳已是一项深受我国广大人民群众喜爱的体育项目。随着《全民健身条例》和《全民健身计划》的全面实施，参与游泳健身的人数日益增多，开展游泳健身活动的形式也愈发丰富。

第二节　游泳的意义

游泳作为人类从事水上项目的必要手段，通过控制四肢运动与水的相互作用在水中进行带有目的性的活动，是一种通过意识控制躯体的活动，其功能体现在可以使人们拥有在水中活动的能力。

一、游泳作为生存技能之一，为生命安全提供重要保障

地球上陆地面积仅占 29%，人类要想拥有更多的活动空间，就要在 71% 的水环境中进行生产生活，必然要与水环境接触，游泳作为人类生存技能之一，为人们开展水上活动提供了现实可能。掌握游泳技术是征服水环境的必要手段，同时在落水后自救、施救他人生命中起到了重要作用，因此学会游泳掌握水上生存技能是十分重要的。

二、增强体质，促进身体健康

游泳不仅是一项可以贴近自然、呼吸新鲜空气、接受阳光沐浴的户外运动，而且是一项可在洁净、恒温，且不受季节、地域限制进行的室内运动。游泳还是一项四肢共同参与的全身性运动，由于水具有浮力等特点，人体在水中活动时相比在陆地上可以极大地减少因重力而造成的损伤。因此，游泳是一项不易发生损伤的运动，对人体健康是十分有益的，且适合不同年龄段的人群，所以掌握游泳技术并经常进行游泳锻炼有助于人类增强体质，促进身体健康。

三、锤炼意志品质，促进心理健康发展和智力发展

在学习游泳的过程中，通过熟悉水性逐渐克服水下恐惧心理。在公开水域游泳比赛项目中，游泳者通过克服天然水域的各种不确定因素，游进超长距离来突破自我，这都是对意志品质的一种锤炼。同样，冬泳也是对意志力的一种考验。

游泳是在水中进行的，相比其他陆地运动，由于所处介质不同，人体所受浮力和压力也不同，所以技术动作的掌握和实践应用都存在很大的区别。在水中对动作的控制和游泳技术的掌握需要肌肉神经协调控制，与此同时，游泳技术动作的掌握还需要对概念的理解，对智力的发展也起到很大的作用。在日常生活中，人们游泳时常常结伴而行，相互交流，大大地增强了人际关系，对促进身心健康、改善生活习惯都起到了良好的作用。

四、预防疾病，促进康复

游泳因其特殊的运动环境，需平卧或仰卧水中。在浮力的作用下脊柱整体可以充分伸展，对颈椎、胸椎、腰椎等慢性疼痛都有一定的缓解作用。针对以上损伤进行游泳锻炼时，要注意循序渐进，不可操之过急，以免适得其反。

户外游泳对一些慢性疾病有一定的疗效，是药物所不能替代的，风湿类和外伤性关节炎的患者就非常适合游泳体疗。关节炎患者在参加游泳运动时，因受浮力的影响，关节所承受的压力减少，因疼痛引起的关节周围肌肉紧张得到放松，释放了压力，从而减少了疼痛。

因游泳环境和陆地不同，没有风沙灰尘的干扰，水中也比较洁净，所以变应原较少，哮喘患者和慢性支气管炎患者非常适合进行游泳运动，再加上水中压力有助于增强人体呼吸肌的收缩和舒张能力，肺活量也随之增长，对呼吸功能的改善有很大作用。

游泳过程中，在水的压力作用下，能够有效促进人体血液回流，水对静脉血管的压力使血管的张力提高，并对静脉血管起到一定的按摩作用，对下肢肿胀也有很好的效果，所以游泳对静脉曲张具有很好的治疗作用。

游泳作为一项全身性的运动，对人体呼吸、神经、消化、运动系统的功能都有一定的改善和提高作用，尤其是对中枢神经系统具有改善作用，有助于睡眠障碍及神经衰弱患者的恢复。

五、服务军事、渔业生产

在陌生海域泅渡、落水自救是士兵的必备军事技能，以适应作战需要。在生产生活中，凡是水上作业都需要掌握游泳技能，如潜水打捞、渔业生产、抗洪抢险等。

六、提高体育竞技水平，为国添彩

游泳是竞技体育运动中最主要的比赛项目之一，也是金牌数量仅次于田径的项目。竞技体育展现了一个国家的综合实力和文明程度，具有追求卓越的引领作用。随着中国竞技体育事业的快速发展，游泳项目成绩在近年来得到快速提高。竞技运动员通过刻苦训练，在世界比赛中奋勇拼搏、勇于争先的精神激励着亿万中华儿女，是体现中华民族向心力和凝聚力的重要项目之一。

第三节　游泳的分类

游泳运动与人类的日常生活、生产及生存息息相关，随着社会的不断发展和人们需求的不断增加，游泳已经运用于健身、娱乐、竞赛、军事等方面，且是进行滑水、冲浪、潜水、航海和帆船等水上运动项目需要掌握的基础技能。

如今，关于游泳的管理划定，国际泳联和我国游泳运动管理中心把竞技游泳、水球、跳水、花样游泳和大众游泳包括在游泳运动之中，但按照游泳运动的目的和功能来划分，包括竞技游泳、实用游泳、大众游泳 3 类。

一、竞技游泳

竞技游泳是指具有特定的技术要求，并按游泳竞赛规定进行比赛的游泳运动项目。竞技游泳以运动员游进速度的快慢论胜负，通过距离、组合方式的改变形成不同的比赛项目，它包括出发、途中游、转身和终点触壁技术。目前，竞技游泳分为泳池比赛和公开水域比赛两大类，泳池比赛项目分为自由泳、仰泳、蛙泳、蝶泳 4 种泳式和由这 4 种泳式组合的混合泳与接力。

表 1-3-1　2020 年东京奥运会游泳比赛项目表（单位：米）

项目	男子	女子
蝶泳	100、200	100、200
仰泳	100、200	100、200
蛙泳	100、200	100、200
自由泳	50、100、200、400、800、1500	50、100、200、400、800、1500
个人混合泳	200、400	200、400
混合泳接力	4×100	4×100
自由泳接力	4×100、4×200	4×100、4×200
公开水域马拉松	10000	10000

公开水域比赛是指在天然水域进行的比赛，如在江河湖海等地。在这类比赛中有特定的规则要求，但泳式不限，运动员多采用爬泳。公开水域比赛包括横渡江河、游渡海峡及长距离比赛等。其中，长距离比赛已成为一项世界性的比赛。早在1988年第8届世界游泳锦标赛的比赛项目中，就增加了公开水域长距离及接力游泳比赛。近年来，马拉松游泳被列入了游泳竞技比赛中。目前，其已被列为正式比赛项目，2008年北京奥运会就有马拉松游泳比赛。我国首届成人公开水域游泳比赛于1988年举行，之后每年都会举办，使我国公开水域的游泳活动得到长远发展。横渡江河既是竞技游泳活动，又是一项有着广泛群众基础的大众体育活动。自19世纪著名诗人拜伦横渡赫勒斯滂（今达达尼尔）海峡后，人类横渡了很多海峡。

在竞技游泳中，像奥运会、世界锦标赛、全国运动会、全国游泳锦标赛等赛事的参与者，都是有一定经验和资历的优秀运动员，需要有标准去衡量运动员的实际水平，于是出现了游泳运动员等级标准。

二、实用游泳

实用游泳是指在军事、生产、生活服务上实用价值较高的游泳方式。游泳的实用功能可追溯至地球上出现人类开始，那时江河湖海遍布，为了生存，人类与大自然进行斗争，从而学会了游泳，并使其得到发展。人类从刚开始的模仿到积累，再到后期的各种泳式，是人类智慧的结晶。实用游泳是伴随着人类生产生活等各种实际需求而产生的，是人类生存的基本技能之一，它包括踩水、反蛙泳、侧泳、潜泳和救生等，在泅渡、水下作业、水上救生、水中科学考察等方面有着广泛的应用。其中，武装泅渡是军事上的重要训练科目，水中救生也得到了社会的广泛重视。因溺水死亡是一个世界性的严重问题，我国每年大约有5.7万人因溺水死亡，相当于每天有150多人因溺水死亡。其中，小学生占到总溺水死亡人数的5%左右。这意味着学会游泳，提高我们的救生技能迫在眉睫。为提高救生技能，从1999年开始，我国每年会定期举办全国救生锦标赛。2005年成立中国救生协会，2007年加入国际救生协会，并于同年将救生列入中国职业大典，成为新的职业。

三、大众游泳

大众游泳区别于竞技游泳和实用游泳，对技术和速度没有要求，更多的是注重锻炼的实用价值。大众游泳是一项以提高身体素质、充实人民群众精神、提高人民群众体育素质为目标的群众体育健身运动。大众游泳以健身、娱乐和休闲为目的，表现形式多样，例如健身游泳、娱乐游泳、康复游泳、减肥游泳、水中游戏、水上健身操、冬泳等，在世界各地蓬勃发展，是现代游泳运动的重要组成部分。特别是在全民健身计划开展以来，国家体育总局游泳运动管理中心为了更好地调动大众参加游泳健身活动的积极性，促进游泳运动的普及和提高，制定了《全国业余游泳锻炼标准》，并于 2011 年颁布。

第四节　游泳的基本常识

随着生活水平的提升，游泳作为一项人民群众喜爱的运动项目，已成为闲暇时间健身运动的不二之选。在游泳运动中为了达到应有的锻炼效果，并且还能心情愉悦地享受游泳运动，人们需要对游泳的基本常识有一定的了解，这样不仅能够科学地通过游泳运动增强体质，而且还能充分享受其带来的愉悦。

一、游泳前的准备

（一）游泳装备的选用

游泳装备随功能和使用者的需要，分为必需装备和辅助装备。其中，必需装备有：泳装、泳镜、泳帽；辅助装备有：耳塞、鼻夹、防晒产品等。

1. 游泳必需装备：泳装分为竞赛泳装和大众泳装。泳池竞赛泳装的材质必须为纺织品，要求男运动员泳装不得高于肚脐，低于膝部；女运动员泳装不得覆盖颈部，延伸过肩部，低于膝部。公开水域竞赛泳装则更需要考虑功能性和私密性，运动员可以穿过膝连体泳装。如水温低于 19 摄氏度，则必须穿防寒泳装。大众泳装在材质、款式、长短等方面没有过多要求，游泳者可根据自身情况和个人喜好进行选择，但应优先考虑贴合身形和材质。泳镜不仅可以在水下起到开阔视野的作用，而且还能够隔离水中的病菌和污染物，按照不同的需求还分为防紫外线、防雾等泳镜，尽可能选择水下密封性好、与眼部贴合性高及防雾功能强的泳镜，这样可以带来更好的游泳体验。泳帽的功能主要有：一是可以减少池水中氯对头发的伤害，二是能够避免长发在水中飘散遮挡视线及头发脱落掉入水中。目前，泳帽的材质分为硅胶和氨纶两类，颜色丰富，使用者可以按照自己的喜爱进行选择。

2. 游泳辅助装备：在水中游泳时，为防止鼻子呛水和耳朵进水，可以使用鼻夹和耳塞，而在进行户外游泳时，为防止烈日下紫外线的照射，还需使用防晒产品对皮肤进行防护。

（二）选择游泳场所

选择合适的游泳场所是对生命安全起到重要保障的前提，我国水域分布很广，但是否适合游泳需谨慎考虑，即便是人工建造的游泳场所也不一定适合游泳。所以选择游泳场所时，首先要考虑有安全保障、卫生规范及组织管理严格的游泳场所，确保能在安全、卫生、保障有力的场所中体验游泳带来的愉悦。若需去户外游泳，则需要选择在天气晴朗且视线良好、水底沙滩平坦、水质干净卫生、风浪平缓、无急流漩涡、救生人员和安全设备设施健全的天然水域场所。

（三）游泳准备计划和游泳内容安排

在制订游泳锻炼计划时，要有长期规划，这样才能发挥游泳的健身作用，受其他因素影响计划可临时变动，但主要在于坚持。在进行游泳前要做好充分的准备，多种形式结合，使枯燥乏味感降低，这样有利于游泳活动的顺利开展，有助于游泳者将锻炼坚持下去。游泳前的准备包括对锻炼时间、地点、交通、内容、负荷、食品等进行合理规划。在锻炼时间上选择闲暇时，还要考虑身体恢复的情况，选择每日或是间隔几日进行游泳活动。在选择地点时，如果选择天然水域场所，需对天气变化和环境、安全、卫生情况进行了解。除此之外，还要选择距家较近、出行方便的地方，这样有利于坚持锻炼。在选择好固定的游泳地点和场所后，还要对设备设施、工作人员及游泳社交圈不断熟悉，这对坚持游泳锻炼非常有利。交通的选择也十分重要，步行、骑自行车还是驾车，需要根据自己的具体情况而定，不管采取哪种方式出行，都需要注意往返途中的安全问题。食品选择主要是针对在较远的户外游泳或长时间游泳的人群，分不同人群准备，例如中老年和青少年儿童的食品准备就有所不同，方便游泳后补充能量。在游泳内容上要按照自身的喜好和锻炼需求进行选择，家庭结伴进行要比单独游泳有趣，可避免枯燥乏味，也可以和其他游泳爱好者结伴游泳，这样不仅起到了锻炼的效果，而且还能扩大社交范围，相互激励监督可以让游泳运动更好地坚持下去。此外，游泳的负荷也是需考虑的一个重要因素，需根据自身情况制定负荷，如青少年、妇女、老年人等都要遵循适度原则，这样既能锻炼身体，又不会因为疲劳而失去兴趣。

二、游泳安全、卫生常识

游泳时着泳装虽可减少水的阻力，但泳装对身体的包裹面积较小，水与皮肤会大面积直接接触。不仅如此，在游进过程中因复杂情况还可能喝进少量的水，这就要求泳池中的水质要达相关标准。泳池内的环境卫生需每个游泳者来共同维护，一些不讲卫生的行为不仅会对池水造成污染，而且还可能对其他游泳者的身心健康造成不良影响，甚至引起疾病。水中环境与陆地环境不同，人们既可浮在水面轻松游进，也可能不慎溺水，严重者在几分钟内便会身亡。这就要求我们在游泳时，需掌握游泳技术，并且遵守游泳场所的规章制度，在保证安全、卫生和掌握正确游泳技术的前提下开展游泳运动，避免感染疾病，防止意外事故的发生。

（一）提高文明意识，遵守游泳场所规定

去游泳场所时要悉知场所的相关规定和警示标语，并了解泳池水温、水深及水中设施，在对游泳场所基本信息进行了解之后再下水。依照场馆要求，在疲劳、饥饿、过饱、饮酒之后不要下水，并且要自觉维护游泳场所内的环境卫生，不在泳池内吃东西、随意排便，做到吐痰入盂、垃圾入篓；下水前要将身体冲水洗净，着装规范，佩戴泳帽、泳镜，不做跳水、打闹、潜泳等危险动作，确保自

身安全；要遵守相关规定，患有传染性疾病的人员禁止进入泳池，月经期间的女性要做好防护措施，未采取措施者一律不得下水。

（二）增强安全意识，做到身体力行

在诸多运动项目中，游泳因其具有在水中进行运动的特性，因此受到损伤的可能性最小，但因溺水身亡的现象时有发生，且要高于其他运动项目。所以进行游泳时，安全问题应始终放在第一位。重视安全问题就是对自己的生命负责，尽管场所内有专人负责救生，但是自身也不可忽视。第一，要掌握必要的自救及救人的方法，以便发生危险情况时能够选择正确的救生方法；第二，在下水前要充分进行热身活动，使身体机能进入运动状态，防止在水下发生抽筋、痉挛等现象；第三，要对自身的体力和游泳水平有一个正确的认识，在进行长距离游泳时要量力而行，技术不过关者不要进入深水区，在自然水域更要对自己有一个全面的评估；第四，游泳不仅可以健身，而且具有社交功能，结伴游泳能够体验互相帮助的快乐；第五，游泳教学过程中不仅要对技术教学，而且要教自救和救人知识，加强安全教育，防止危险发生。

（三）游泳之前体检，做好安全措施

游泳前的身体检查是为了预防在游泳中发生意外，同时也预防传染性疾病的传播。患有传染性疾病，如肝炎、严重皮肤病、细菌性痢疾、红眼病等人员，禁止到公共游泳场所游泳。患有原发性高血压、精神病、癫痫病等患者，禁止下水游泳，以免发生意外。心脏病患者须在医生指导下并有监护人在场的情况下方可下水游泳。患有性病或阴道滴虫感染、尿路感染、严重脚癣等人员，须治愈后方可进入公共游泳场所游泳。患有某些急慢性病，如中耳炎、肺炎、肾炎、鼓膜穿孔、支气管炎、哮喘等的患者，游泳会加剧病况，因此也要终止游泳活动。

（四）游泳结束后及时洗澡

游泳完毕后，要及时将身体冲洗干净并擦干，防止着凉感冒。对眼睛可采用滴眼药水的方式防护，如耳朵进水需要及时同侧蹦跳将耳道内的水排出，防止发生感染。游泳过后身体会有不同程度的肌肉疲劳，可适当地进行放松拉伸练习，以缓解肌肉疲劳。

第二章　游泳的运动原理

第一节　水的自然特性

一、水的压力

当人站在齐胸深的水中时，不能像在陆地上那样呼吸自如，每次吸气都需要格外用力扩张胸腔，呼气时变得不那么顺畅，这些都是因为水的压力所致。

压力是指垂直作用于物体表面的力，而单位面积受到的压力被称为压强。在同一深度，水向各个方向的压强是相等的，并且随着深度的增加，压强也会随之增大。液体内部某点的压强 P，等于该点深度 h 处液体的密度 ρ 与重力加速度 g 的乘积，即 $P=\rho gh$。因此，水的压强会随着深度的增加而变大。

当人体处于水中时，两侧的压强相等，下方的水对人体产生的压强大，而上方的水对人体产生的压强小。由于压强是由压力形成的，即 $P=F/S$，上下压力的差异便产生了一个将人托起的力，这就是浮力。

二、水的黏滞性

流体均具备黏滞性，源于分子间的相互吸引作用，在流体力学中被称作内聚力。黏滞性会使流体在流动时产生内部阻力，影响流体的运动。黏滞性的大小会随着温度的升高而显著降低，这是因为温度升高时分子动能增大，分子间的吸引力减弱，从而减少了流体内部的摩擦。不同流体的粘滞性不同，在 26 摄氏度时，水的黏滞性约为空气的 48 倍。

当水处于静止状态时，各方向的压力均匀分布，其滑性不发挥作用；一旦施加于水的力超过其内聚力，水层压力随之变化，水分子间的连接被破坏，使流体各层分子动量转移，加强层间阻碍作用，产生摩擦以对抗外力，直至外力减弱至静止。外力强度越高，内聚力的破坏性越显著，分子间摩擦也随之增大，这正是人体或物体在水中移动时阻力的根本来源。具体到游泳活动中，运动员所执行的每一个技术动作，无论是划水、蹬腿还是身体姿态的调整，其动力学表现均受到水的这种黏滞性所产生阻力的严格制约。这种由流体黏性产生的阻力，无疑是水环境中所涉及力学相互作用最为关键的基础要素之一。

三、水的流动性

水具有流动性特征，当受到外部施加的压应力和切应力作用时，如果这些外力超过了水分子间的原有内聚力，水层结构就会被破坏、冲散。此时，在受冲击区域会产生局部高压，该压力值显著高于周围水层的压力水平。由于水流体遵循压力平衡的基本物理原则，高压区域的流体会自然地向低压区域迁移，或者沿着施加外力的主导方向进行移动。这种流体从高压区向低压区持续运动的过程，正是流体系统为恢复整体力平衡状态而发生的现象，我们称这种动态的压力转换与流体运动过程为流动。

根据流体力学规律，在流体持续流动的过程中，其流速与压强之间存在特定的反比关系：当流速由高值逐渐降低时，流体内部的压强则由小变大；反之，当流速由低值逐渐升高时，其压强则由大变小。正是流体的这种独特物理属性——流动性，以及相伴而生的压力动态变化机制，使得人体在水中无法获得类似陆地上的固定支撑点。人体在水中尝试发力时，其动作产生的大部分冲量，并非像在固体地面上那样直接转化为有效推进力或位移，而是被水的流动性所转移、吸纳、消耗与离散。具体而言，能量通过推动周围水体产生流动、形成涡旋，以及加剧水分子的相对运动等方式被消耗掉。因此，人体无法在水中实现爆发式的用力效果，动作效率显著降低。

四、水的密度

密度指物质的质量与其体积之比，是描述物质密集程度的物理量，其数学表

达式为 ρ=m/V。常用单位包括克 / 立方厘米、千克 / 立方米，以及吨 / 立方米，这些单位便于在不同场景下转换计算。例如，在 4 摄氏度时，水的密度为 1 克 / 立方厘米，相当于 1000 千克 / 立方米或 1 吨 / 立方米。相比之下，海水的密度因溶解盐分的浓度差异而较高，为 1.03 吨 / 立方米，盐分增加了整体质量。此外，密度受环境影响显著。在 26 摄氏度且一个大气压的标准条件下，水的密度降至 996 千克 / 立方米，而空气密度仅 1.18 千克 / 立方米，此时水的密度约为空气的 844 倍，这凸显了不同物质在相同条件下的密度差异。冰在 0 摄氏度时密度 917 千克 / 立方米，低于液态水，因此冰能够浮于水面。物体的密度变化受温度、压力和成分的影响，如温度升高时多数物质密度减小。

五、水的难以压缩性

水具有显著的不易压缩特性，当压力每增加 1 个大气压时，水的体积仅缩小约 1/2000，变化极为微小。在密闭的压力容器中，由于水分子排列紧密，受压水的体积几乎不会随压力增加而改变，因此水的密度保持恒定，不会随深度增加而变化，这与气体等可压缩流体形成鲜明对比。当物体浸入水中时，水体本身不会收缩体积，而是被迫排开等体积的水。根据阿基米德原理，浸入物体因此受到一个向上的作用力，其大小等于排开水体的重量，从而平衡了物体的自身重量，形成浮力效应。产生浮力的根本原因在于物体所受重力方向向下，而水对物体的压力分布不均，使向上的合力大于向下的作用力。人体主要由水构成，其组成比例高达约 70%，因此在高压环境中，如深海潜水时，人体也表现出与水相似的不可压缩特性，不会发生显著体积变化，这有助于保护细胞结构和生理功能。

第二节　人体在水中漂浮的能力

当物体完全浸没在流体如水中，并且不受任何其他外力支撑时，它在竖直方向上主要受到两个力的作用：重力和浮力。由地球引力作用在物体上的力称为重力，其方向竖直向下，大小取决于物体的质量和重力加速度；由流体内部压强差所产生的垂直向上的作用力称为浮力，其大小与物体排开流体的体积和密度相关。根据阿基米德原理，浸没在流体中的物体所受到的浮力大小，等于该物体所排开流体的重力，这反映了浮力与流体之间的直接联系。物体在流体中的沉浮状态完全取决于其受到的重力与浮力的相对大小：当浮力大于重力时，物体会向上加速运动，最终上浮至表面；当浮力小于重力时，物体会向下加速运动，即下沉到底部；当浮力恰好等于重力时，物体可能处于悬浮状态（即完全浸没在流体中静止不动）或漂浮状态（即部分浸没在流体表面静止不动），物体在水中的浮沉状态取决于其密度与水的密度之间的相对关系。若浸入水中的物体密度小于或等于水的密度，则物体上浮或悬浮；若物体密度大于水的密度，则物体下沉。

从解剖学角度分析，人体各组织的密度存在显著差异：骨骼器官的密度大约比水的密度大 50%，肌组织及体液的密度亦略高于水的密度，脂肪组织与充气肺叶的密度则显著低于水的密度。

一、呼吸对身体漂浮的影响作用

人体的平均密度接近于水的密度，水的密度约为 1 克 / 立方厘米，而人体的平均密度 0.96~1.05 克 / 立方厘米。人体通过胸廓与肺器官的气体交换过程可节律性地改变平均密度，这一过程涉及膈肌和肋间肌的协调收缩与放松，以调节肺内气压和容积。吸气时，肺体积显著增大，空气进入肺部，使人体的平均密度减小至 0.96~0.99 克 / 立方厘米，此时人体的平均密度低于水的密度，人体可在水中漂浮；呼气时，肺体积明显减小，空气被排出，使人体的平均密度增至 1.01~1.05 克 / 立方厘米，身体下沉。通过呼吸运动对肺容积的调控可显著调节人体的平均密度，此生理机制不仅是人体具备漂浮能力的关键因素，而且还在游泳、救生和水上活动中发挥重要作用，体现了人体对浮力环境的自然适应能力。

部分个体在浸水状态下实施吸气动作时，其身体因胸腔扩张、密度降低而呈现明显的漂浮状态；反之，在进行呼气动作时，由于气体排出、胸腔回缩使密度增大，身体下沉。该类特殊人群被明确定义为呼吸调节型漂浮者，其呼吸运动通过对胸廓容积的动态调节，决定了身体的浮力变化与浮沉状态转换，呈现出与呼吸节律同步的周期性上浮与下沉现象。人体吸气后，胸廓容积平均可增加 4 立方厘米。吸入空气的质量较小，所受重力平均仅 0.04 牛，与人体重力相比可忽略不计。下列实验可论证此现象：一体重为 68 千克的漂浮者采用水母漂浮姿势，充分吸气后屏住呼吸，此时其身体密度为 0.97 克 / 立方厘米，身体体积为 70100 立方厘米。当完全浸没于密度 ρ=1.01 克 / 立方厘米的水中时，其排开水体体积为 70100 立方厘米，产生的浮力为 693.1 牛。该个体所受净值浮力为 27 牛，此浮力可使其上浮，部分身体露出水面。当其背部露出水面后，其排水量因浸没体积减小相应也减少，向上的浮力随之降低，直至重力与浮力达到平衡。若该漂浮者此时尽力呼气后屏气，其身体体积减少 4000 立方厘米，人体的平均密度增至 1.03 克 / 立方厘米（大于水的密度 1.01 克 / 立方厘米）。排开水产生的浮力为 653.56 牛，形成净值 12 牛向下的力。在此下沉力的作用下，人体下沉。

部分个体不论在吸气、呼气，或胸廓扩张与否的状态下均能保持漂浮能力，此类人群属于天然漂浮者。该类人群的平均密度低于水的密度，此特性在呼气后依然得以维持。此类人群的身体器官组织中，低密度组分（如皮下脂肪、脏器脂肪附着及腹腔大网膜）所占比例显著高于普通人群，肥胖女性为此类人群的典型代表。

还有一类人群，其平均密度显著低于普通个体。即便通过充分吸气使胸廓扩张至最大程度，仍无法获得足够的排水量以产生浮力，此类人群被认为是天然下沉者。该群体通常表现出较高的基础代谢率、显著偏低的皮下脂肪含量、相对发达的肌肉，如长期从事重体力劳动的青年男性。

二、人体不同的姿态对漂浮的影响

由于人体的平均密度决定漂浮能力，所以人体在水中的漂浮姿态主要受浮心与重心相对位置的影响。重心作为人体质量分布的平衡点，是重力合力的作用中心，重心会随人体姿态的变化而变化。浮心则对应于人体排开流体体积的浮力合力作用点。

当人体浸于水中时，其重心与浮心通常并不会重合。浮心通常位于人体胸廓区域附近，重心则通常位于骨盆上缘区域。

人体在水平漂浮状态下，重心与浮心之间的力矩长度与转动扭矩力呈正相关。当力矩增大时，人体下肢的下沉加速度随之增加。若下肢下沉过快，其产生的动量足以使漂浮者头部浸没于水中，使部分受呼吸节律制约的漂浮者产生错觉，认为自身属于天然下沉者。

对于天然漂浮者而言，由于其体脂主要分布于小腹、臀及大腿等下肢部位，因此下肢产生的排水量显著高于呼吸调节型漂浮者。鉴于天然漂浮者重心与浮心之间的力距较小，该类群体通常可较容易维持水平漂浮姿态，极少因重心与浮心扭矩作用引发下肢下沉现象。

人体重心可通过四肢位移使其与浮心之间的力矩缩短，浮心因解剖结构的关系维持相对稳定，重心则可通过头部及四肢的位置变化进行调节。基于水的浮力特性，游泳过程中需充分利用浮力作用，最大限度地缩短身体各部位脱离浮力支撑的持续时间，具体方法为：

1. 在经空中移臂的泳式技术中，应着重缩短空中移臂环节所占用的时间。这一技术调整不仅能有效避免因移臂时间过长而使静水浮力过分下降，确保身体在水中的高位流线型姿态，而且能显著提升整体划水动作的频率，从而增强推进效率。在加快移臂速度的过程中，需特别注意保持手臂动作的自然流畅与协调，避免因过度追求速度而引起肩、臂部肌肉不必要的紧张与僵硬。移臂时应强调放松肌肉，以肩部为轴进行高效摆动，确保动作既快速又经济，最终实现提升划频而不牺牲动作质量的目的。

2. 在呼吸过程中，头部不应抬得过高，以免身体下沉使浮力损失。同时，换气时间也不宜过长，以避免影响游泳的连续性并增加浮力损失。应保持头部位置低，并快速完成换气动作，以维持身体平衡和高效推进。

3. 吸气后，应有短暂的闭气阶段，使吸入的空气在肺内短暂停留。吸气要短促而充分，以最快速度充盈肺部，从而更好地维持身体位置、减少阻力，保持浮力。具体到不同项目，中长距离游泳由于整体游进速度相对较慢，身体获得的水流动力升力（动水升力）相对较小，因此需要通过相对较长的闭气时间来维持身体流线型姿态并确保充分的气体交换；短距离项目则因冲刺速度快，水流冲击产生的强大动水升力足以在短时间内提供良好支撑，此时闭气时间可以适当缩短，以配合更快的划频和更高的供氧节奏。

4. 在游泳技术中，手臂前伸动作需尽可能完全伸展，包括充分延伸肩关节，以推动身体重心向前移动，靠近浮心位置，从而维持稳定平衡的身体姿势，有效减小迎水面积和外形姿态造成的阻力，提升整体动作效率。这一过程要求手臂前伸时保持直线延伸，避免肩部或肘部弯曲，确保身体流线型姿态，同时配合核心肌群的适度收紧，使重心与浮心尽可能接近，减少水阻干扰，优化运动表现。

第三节　水的阻力特性

人在水中活动时，无论是进行花样游泳的复杂动作造型还是常规游泳，都高度依赖身体动作与水环境相互作用产生的反作用力。水作为一种无形、流动的介质媒体，其物理特性决定了它对动作的反作用力既支撑又阻碍人体运动。具体而言，游泳者需要巧妙利用水的浮力来提供身体在活动中的支撑，同时借助水的力量推动身体前进，然而水的高密度、黏性和流动性等特性又不可避免地对前进产生阻碍作用。因此，在水中游动的力可被系统划分为两大类：第一类是各种阻碍人体在水中前进的力，统称为阻力推进力，包括摩擦阻力、压差阻力和波浪阻力等，这些力源于水对运动表面的黏滞作用；第二类是使身体前进，由人的肢体动作（如手臂划水和腿部蹬水）与水直接相互作用形成的力，统称为升力推进力，主要依赖于肢体运动产生的升力效应来推动身体。只要人在水中运动，就必然遭遇水的阻力。这种阻力的方向总是与身体和肢体动作的方向完全相对，体现了流体动力学阻力的基本原理，即阻力大小与速度、表面积和流体密度成正比。与空气相比，水是一种密度显著更大的介质媒体，因此在同等运动条件下，水对游泳者产生的阻力远大于空气。

理解阻力推进力与升力推进力这两种力的物理性质至关重要，目的不仅在于理性认识游进阻力与推进动力之间的对立统一关系，而且还在于深入分析它们如何具体影响并作用于游泳技术的关键环节。例如，在自由泳中，优化肢体动作以最大化升力推进力，同时最小化阻力推进力，能显著提高效率。通过科学应用这些原理，游泳者可以更精准地调整技术动作，如控制身体呈流线型姿态以减少阻力、增强划水角度提升推进力，从而实现高效、节能的运动表现。

经过多年在该领域的研究积累，人们总结出 3 种对人在水中运动具有决定性影响的阻力，其产生源于人体与水之间发生的相对运动。

一、体表摩擦阻力

体表摩擦阻力，亦称表面阻力或摩擦阻力，系指人体在水中运动时，沿体表边界层流动的水体与人体运动方向相反产生相对运动所形成的阻力。人体在水中运动时，由于水的黏滞性的客观存在，使水分子黏附于身体表面，紧贴身体的水流层与身体表面的水分子之间发生摩擦，从而被携带着一起向前运动。贴身的水与外层的水产生摩擦，使外层的水也被带动着向前运动。这样一层拉一层，外层水又会反过来阻滞内层水的运动，使内层水减速，由此形成了各个水层之间的一个速度梯度。紧贴身体的水与身体几乎具有相同的运动速度，各水层由内向外速度逐渐减小，直到一定距离以外的静止水层速度变为零。这个由动到静的速度梯度区域：在流体力学领域中，当流体流过固体表面时，片流与其所影响的外层偏流之间，由于黏滞性作用而产生的摩擦层层波，被称为边界层。这个边界层是流体流动中黏滞效应最为显著的薄层区域，其厚度随流动条件而变化，对整体流动特性具有关键影响。流体受内在黏滞性的驱动，会形成切应力，这些切应力对流体运动产生制动作用。所有这些由黏滞性引起的切应力制动效应的总和，就是流体施加在人体表面上的体表摩擦力，它体现了流体与固体界面之间阻力的相互作用，是分析人体在流体环境中受力情况的重要参数。

相对其他两种阻力，体表摩擦阻力在游进阻力中所占的比例相对是最小的，其产生主要源于水与人体皮肤表面的黏滞作用。相比之下，对人游进阻力影响最大的因素通常来自外形姿态阻力和波浪阻力。外形姿态阻力源于身体在水中的投影截面积和流线型姿态程度，不良的身体姿态会显著增加阻力；波浪阻力则是由游泳者自身运动时在水面激起的波浪所消耗的能量构成，尤其在高速游进时更为显著。游泳比赛竞争激烈，往往以 0.01 秒的微小差距决定胜负，因此尽管体表摩擦阻力的绝对值相对较小，但是在追求极致速度的竞技层面，每一个细微阻力的降低，都可能成为决胜的关键。摩擦阻力的大小在很大程度上取决于物体表面的光滑程度。表面越光滑，形成的边界层越薄，摩擦阻力就越小；表面若粗糙不平，则会形成很厚的边界层，产生很大的摩擦阻力。人体在游泳时所受到的摩擦阻力取决于体表的光滑程度和泳衣的质量。在游泳运动中，摩擦阻力作为水与身体表面之间产生的阻力，因游泳者的游泳水平而异：对于初学者而言，由于速度较慢、技术尚未成熟，这种阻力通常可以忽略不计，但是在高水平的游泳比赛中，运动员的速度达到极致，技术高度精细化，这一阻力便变得不容忽视，甚至可能成为决定比赛胜负的关键因素。游泳运动员一般都选用光滑、柔软、弹性强而又很薄的紧身泳衣和泳帽，或涂抹减阻油以减小摩擦阻力。有的人甚至在赛前剃光头发和体毛，以提高体表的光滑程度，从而达到减小摩擦阻力的效果。

二、外形姿态阻力

外形姿态阻力，也称为形状阻力或压差阻力，是流体力学中一种常见的阻力类型，主要由物体在水中运动时其形状使水流分离和前后压力差所形成。游泳时，游泳者感受到的最显著障碍是在游动过程中身体排开的水体对自身产生的压力，这种压力直接转化为阻力，阻碍前进效率。外形姿态阻力的大小不仅取决于游泳者的身材和体型特征，而且还受到游进速度的严重影响，速度增加时阻力往往呈非线性增长。此外，与水流运动方向相反的肢体动作姿态，如手臂划水时的角度或腿部踢水的幅度，会加剧水流分离，从而增大阻力。优化身体姿态以保持流线型，并调整动作协调性，是减少这种阻力的关键策略。

之所以将这种阻力称为外形姿态阻力，是因为阻力的变化直接受到与水流方向相对的肢体瞬间动态姿势的速度与形状面积变化的影响。具体而言，即受到沿人体纵轴迎面相对流体所冲击的人体肢体与躯干动态轮廓面积的实时变化影响。当肢体在运动中调整姿势时，其轮廓面积相对于水流方向发生动态波动，这种波动越大，阻力的变化幅度也越显著。例如，肢体快速弯曲或伸展会使轮廓面积急剧变化，从而增加阻力的不确定性。肢体与躯干相对水流方向的瞬时轮廓表面形成水流冲击高压区，该高压区由于流体对轮廓前端的直接冲击而产生。同时，肢体与躯干后半部分表面也由于流体的分离形成相对应低压区的瞬时变化，这种高低压差造成水流速度的非恒定变化并伴生湍流现象。随着肢体与躯干位移速度的增加，湍流进一步演化形成涡流即涡旋，这些涡旋在流体中旋转并由此产生非恒定的负压，这种负压具有紊乱反向抽吸作用效果，类似于流体被向后拖曳的效果。这种作用效果是负压力净值的外在表现形式，其作用力方向始终与身体前进的方向相反，从而显著阻碍运动效率。由于外形姿态阻力本质上是由身体前后水流变化引起的压力差所驱动的，即高压区在前、低压区在后形成的净压差，所以过去在流体动力学中习惯将这种阻力称为压差阻力或形状阻力，以突出其基于几何形状和动态姿势的物理机制。

由于物体前部区域的高压与后部区域的低压存在差异，使水流在物体周围形成的流动状态呈现出明显区别。当物体的速度增加（也就是相对物体的水流速度增加），依阻力与速度的平 方成正比的定律，物体前后的高低压区域的压力差成平方级数增加。

由于人体瞬时的形态变化影响流经人体的水流，因此人体姿态变化所产生的相对水流外形改变，会使对应的阻力系数发生相应变化。这里特指人体姿态变化过程中，相对于水流产生的非流线型阻力系数。理论上完美的流线型姿态在人体朝水流方向游进时并不存在，但克莱莉在 1978 年所做实验的结论表明，游 泳时，人体所产生的阻力是水槽中拖拽人体游进时的 2 倍。人体在游进时身体保 持相对的流线型姿态非常重要。在考虑到外形姿态阻力的同时，如能再联想到速

度增加时的平方效应，就不会对这一类细节上的错误掉以轻心了。在游进中减小 外形姿态阻力的另一侧重点，就是在各泳式动作周期的准备阶段，应尽可能地弱 化外形姿态阻力系数的突然性增加对游速所产生的负面影响。爬泳、仰泳和蝶泳 的臂入水阶段均处在这一能使游速下降的阶段，最为典型的是蛙泳动作周期的准 备阶段，即蛙泳时人在水中向前快速伸臂和收腿。假设蛙泳时躯干以 1.5 米 / 秒 的速度向前游进，则划臂结束后，过渡转向伸臂的速度相对于躯干为 1 米 / 秒。 此时，水流经双臂的速度就达到 25 米 / 秒。如此高速流经双臂的水流，依阻力与 速度的平方成正比的定律，即可知快速伸臂时外形姿态阻力的增加变化不仅是巨 大的，而且具有突然性。更有甚者，如蛙泳运动员以不规范的、非流线型的手臂 姿势来完成快速向前的伸臂动作时，无疑会形成更大的外形姿态阻力。

概括来说，有 3 种办法可以改善游泳中的阻力：一是身体尽量呈直线，并在同一个平面上呈流线型姿态，通过伸展四肢和收紧核心肌肉，最大限度地减少水的阻力，从而提升游泳效率；二是凡在水中做与身体运动方向一致的动作，如划臂或蹬腿，都应尽可能地减慢动作速度，以减少水的阻力，同时确保动作流畅有力，避免不必要的能量消耗；三是直线游进，游进中保持稳定平衡，通过控制呼吸节奏和头部位置，减少上下起伏和左右扭摆，维持身体平稳前进，提高整体游进效果。

三、波浪阻力

当物体在流体中（流体表面或流体中接近表面的位置）运动时会产生波浪，即由波浪造成的阻力叫作波浪阻力。人在游泳时，身体一般是在水与空气的共界面附近进行运动。由于水和空气的密度不同，水的密度大，空气的密度小，被人体运动而推压的水就容易往密度较小处转移，从而隆出水面。而后又会由于重力的作用回落以恢复水平状态，最终产生水面振动，振动的传播便形成了波浪。波浪的产生会消耗人体的能量，因波浪而产生的前进阻力就是波浪阻力。

在游泳时有效减少波浪阻力的方法包括以下几个方面：首先，游进过程中身体应始终保持流线型姿态，这意味着头部、躯干和腿部需对齐成一条直线，避免不必要的抬头挺胸或两脚左右分开，因为这些动作会增加迎水面积和阻力。其次，要注重身体的稳定平衡，通过收紧核心肌肉来控制姿态，用力自然且均匀，确保游速稳定一致，避免忽快忽慢带来的额外水波干扰。再次，手臂入水动作要轻柔高效，尽量减少拍打或溅水，应顺势以手臂伸直的方式插入水中，以减少水面的扰动。最后，转身后的滑行阶段不宜过浅，身体应下沉至水下约 30 厘米处进行滑行，利用水压和密度优势有效抑制波浪的形成，从而提升整体游泳效率。

第四节　推进力

一、阻力推进力

依据牛顿第三定律关于作用力与反作用力的定义，结合水的阻力特性，通过肢体向后进行划水、打水或蹬水动作，可对水施加作用力。该力学过程的本质是将人体冲量传递至水体，改变水分子的动量状态。同时，人体将受到水体的反冲作用，从而获得前进动力。这种基于水体阻力产生的推进力称为阻力推进力。游泳运动中，手臂划水动作最具典型性：沿身体纵轴从前向后划动时，水体对手臂产生逆向阻滞作用。类似于形态阻力对身体的阻碍机制，手掌面因与水流方向相对形成流体高压区，手背则形成负压涡流区，由此产生流体阻力。根据形态阻力表达式，需同时增大划水截面积并加速划水动作方可提升手臂阻力。手臂阻力系数与对水有效表面积呈线性关系，与划水速度的平方成正比。需特别指出，阻力推进力仅产生瞬时加速度，必须通过持续作用才能提升游进速度，从而维持人体所受推进力冲量。为追求高速游进，当主动增大手臂与水的相对速度以提升推进冲量时，将出现手臂划水速度高于身体位移速度的现象。鉴于水的流体特性，手臂施力后水体将向低压区流动，使部分冲量因流体迁移而消耗，无法达到陆地固定支撑时作用力与反作用力完全相等的力学效果。因此，除增大划水面积与速度外，还需采用曲率适中的螺旋曲线划水轨迹，通过持续获取静水反作用力实现力学补偿。

二、升力推进力

游泳过程中，肢体运动轨迹是在立体空间中呈现三维曲线特征而非直线运动。在此状态下，水体除产生阻碍人体前进的阻力外，亦生成推进性升力。推进性升力指依据流体升力原理产生的、驱动人体向前运动的推进力。传统认知中升力为向上的作用力，但在游泳中其作用方向并非仅是向上的力。当翼状结构沿旋转轨迹运动时，可产生推动机体前进的水平升力分量。该原理广泛应用于直升机旋翼、船舶螺旋桨及航空涡轮发动机叶片等机械系统。理解肢体动作与相对水流间的相互作用机制，是解析流体升力如何转化为身体推进力的关键。当水流经桨状结构表面（如手掌）时，升力压强的形成取决于两大要素：手掌攻角（又称迎角）及手臂运动轨迹与速度。攻角定义为手掌平面与水流相对方向（即升阻合力方向）之间的夹角。当手掌与相对水流保持适宜攻角时，流经手掌的水流在掌心与手背产生流速差。根据伯努利原理，流体流速增大处压强降低，流速减小处压强增高。因此，划水过程中手掌两面形成压力梯度：掌心高压区与手背低压区。该压差促使水流由高压区向低压区传导，从而产生推进性升力。

升力的形成依赖于特定的条件，主要包括物体的几何形状，以及该物体相对于水流运动的迎角和方向。例如，翼型不同会显著影响升力的大小，如机翼、船舶的螺旋桨、海龟的前鳍、海豹的胸鳍、企鹅的翼状肢、鲸鱼的胸鳍和尾鳍、海豚的鳍状肢、淡水鱼的背鳍和尾鳍，以及人类游泳时的手掌和脚蹼动作。需明确指出的是，升力方向总是垂直于相对水流方向的划动轨迹，即两者形成严格的直角关系。因此在流体力学中，升力与阻力通常以相互垂直的方式共存，这体现了它们之间的正交特性。

若想获得最大升力，关键在于：一是手掌对水倾斜攻角的角度必须精确优化，因为角度过小或过大都会降低升力效率，理想角度通常在特定范围内以最大化水流反作用力；二是手掌的形状与面积，如保持手掌平坦且面积适中能有效增加水流的接触面积和稳定性，从而提升推进效果；三是相对于手掌的水流速度需持续维持，较高的流速能促进升力的生成，这通常需要通过游泳者的身体位置和划臂频率来控制。高水平游泳者获得升力的途径是经过长期的水中训练积累经验，在每一次划臂过程中反复练习并微调手掌对水流方向的倾斜攻角，确保角度、形状和速度的完美协调，从而获得对身体产生推进作用的最大升力，最终实现游泳效率的提升和速度的突破。

升力的增减主要取决于相对水流速度的大小。当手掌保持一个有效的攻角时，相对水流速度越快，所产生的升力就越大，这是流体力学的基本原理。在流体环境中，升力方向通常与水流方向垂直，形成直角关系，阻力则平行于水流方向。因此，在游泳动作中，当手臂位置调整为手指指向池底，横向形成攻角，并通过前臂向内和向外旋转手腕进行划动时，手臂划动产生的升力方向就会被引导指向身体的前方，从而有效推动身体向前运动。这种机制依赖于攻角的稳定性和水流速度的优化，确保升力最大化并转化为推进力。

在手掌划水过程中，当水流作用于手掌表面时，会产生升力，这是一种垂直于水流方向的力。同时，阻力作为阻碍运动的力也会出现。当手掌相对于水流的攻角过大时，原本平稳的层流状态会转变为混乱的紊流状态。此时，由于流体分离和涡旋的形成，阻力显著增加，升力则因流体紊乱使压力分布变化而逐渐减少，最终完全消失。

第三章　游泳技术基本原理

第一节　熟悉水性

熟悉水性是学习游泳的重要环节，目的是使初学者通过身体与水的接触，了解和感知水中的压力、阻力和浮力等物理特性，从而使之体会到和陆地不同的感觉，逐渐适应水的环境，消除恐惧心理，学会在水中进行活动的基本能力，为下一步的技术动作学习打下良好的基础。

一、水中行走

水中行走的目的是让初学者了解水中环境，体会水中的阻力、压力、浮力等特性，掌握身体在水中站立、行走和保持平衡的方法，消除对水的恐惧心理。

（一）动作要领

水中行走一般在水面低于肩高的水中进行，两脚开立，膝关节微屈，两臂在身体两侧自然伸展以保持平衡，向前迈步时身体稍微前倾，一条腿的大腿慢慢抬起向行进方向伸出，下踏站稳后再抬起另一条腿。

（二）练习内容与方法

1. 排队搭肩水中行走练习：扶池边向前、向后、向两侧行走，可用正常的走姿与高抬腿走姿进行对比，体会哪种阻力小（人较多时，可排成一路纵队，后面的人扶住前面人的肩或腰向前行走，也可手拉手围成圈侧身走）。

图 3-1-1 排队搭肩水中行走练习图

2. 水中走、跑、跳游戏练习：在水中比赛走、跑、捉人、接力等。

二、水中呼吸

呼吸练习既是学习游泳的难点，也是熟悉水性阶段的关键环节。此项练习旨在让初学者掌握基本的游泳呼吸方法、呼吸过程及节奏，减少呛水频次，消除恐水心理。

（一）动作要领

与陆上呼吸不同，游泳时的吸气动作主要靠嘴，鼻子不做吸气动作。首先，张嘴在水面上进行吸气，嘴自然张开，吸气动作要迅速；其次，将脸部浸入水中稍闭气；最后，用嘴和鼻在水中缓慢呼气，直到下一次脸部露出水面。

（二）练习内容与方法

1. 泼水呼吸练习：手捧水往脸上泼，要求嘴微张，用嘴吸气、鼻子和嘴一起呼气，吸气不要猛。熟悉之后可以两人一组相互往脸上泼水，逐步熟悉水性。

图 3-1-2 泼水呼吸练习图

2. 扶池边呼吸练习：吸口气后将脸浸入水中闭气 10~20 秒，如水质好，可要求睁眼。

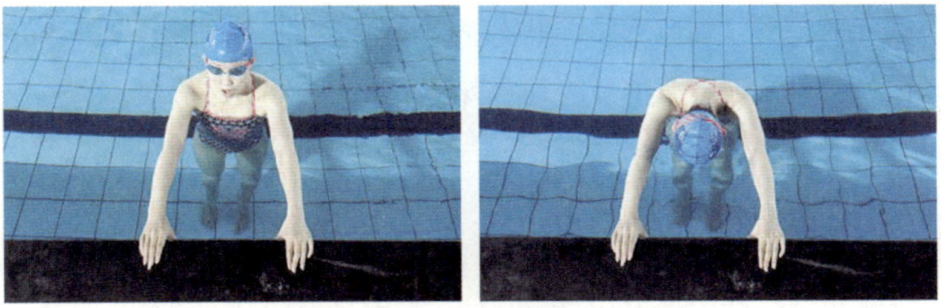

图 3-1-3　扶池边呼吸练习图

3. 水中蹲起呼吸练习：扶池边或者身旁同伴，深吸一口气后屏住呼吸，缓缓下蹲，使头部完全没入水中。停留片刻后起身，在水面上呼出气体，接着再次吸气并下蹲，此动作可反复进行多次。

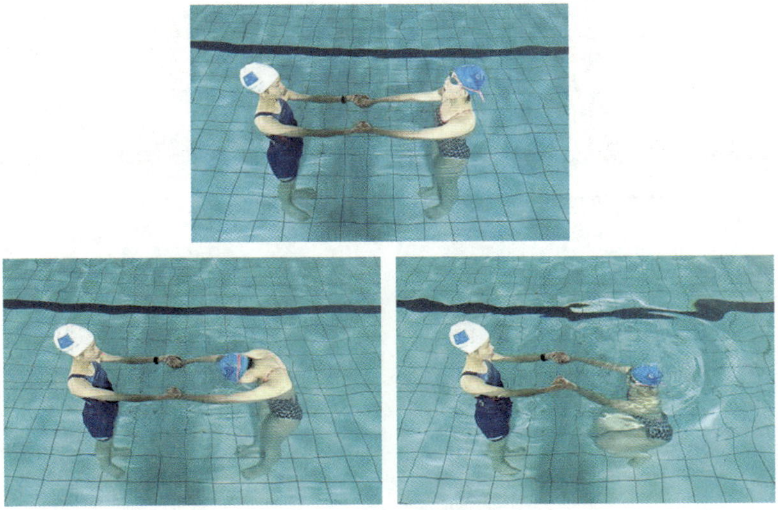

图 3-1-4　水中蹲起呼吸练习图

三、漂浮与站立

漂浮练习的主要目的是使初学者利用水的浮力让身体以俯卧姿势自然地漂浮在水面上，初步掌握学习游泳技术动作的身体位置。

（一）动作要领

在做漂浮练习前需要掌握漂浮转站立的动作。在漂浮前需要吸足气并保持闭气，使肺部充满空气，这有利于降低人体的平均密度，使身体更好地上浮。当漂浮结束，要转为站立时，头部要等到双脚站稳后再抬起，避免站立时脚底打滑而造成呛水。

（二）练习内容与方法

1. 展体水母漂浮呼吸练习：双手并拢，深吸气后闭气，将头埋入水中，双脚蹬地使身体俯卧在水面上平浮起来，同时屈膝团身，低头，双手抱住双腿，使背部浮出水面，漂一会儿后，感觉身体下沉时两臂轻轻下压，收腿抬头，抬上身，双脚触池底后站立。

图 3-1-5 展体水母漂浮呼吸练习图

2. 扶池边展体漂浮练习：双手扶池边或抓住同伴的手，深吸气后闭气，将头埋入水中，同时双脚蹬地使身体俯卧在水面上，要求两臂放松自然前伸，两肩沉入水中，低头，两腿伸直并拢，闭气 10~20 秒，呼气团身收腿站立。

图 3-1-6　扶池边展体漂浮练习图

3. 徒手水中展体漂浮练习：双手与并拢，深吸气后闭气，将头埋入水中，同时双脚蹬地使身体俯卧在水面上，要求两臂放松自然前伸，两肩沉入水中，低头，两腿伸直并拢，闭气 10 ~ 20 秒。收双腿，双手下压，抬头，抬上身，双脚触池底后站立。

图 3-1-7　徒手水中展体漂浮练习图

四、漂浮与滑行

滑行是进一步体会水的浮力，掌握在运动过程中如何维持身体平衡的姿势。

（一）动作要领

滑行时要注意保持身体呈流线型姿态，两臂前伸重叠，两腿并拢伸直，躯干肌群保持适度紧张。头夹在两臂之间，使身体伸展成一条直线。流线型姿态有利于减小滑行阻力，从而加大滑行距离。

（二）练习内容与方法

1. 水中蹬池底滑行漂浮练习：两脚前后站立，两臂前伸并拢，深吸气后，上体前倾浸入水中，略屈膝下蹲，然后脚用力蹬池底，两腿随即伸直上浮并拢，使身体呈流线型姿态向前滑行。

2. 水中蹬池壁滑行漂浮练习：背对池壁，一手拉池边/池壁，一臂前伸，一脚站立池底，一脚贴住池壁；深吸气后闭气低头，上体前倾在水中成俯卧，迅速收起支撑腿，与另一腿并拢，随即将拉池边的手放开与前伸臂并拢；头夹于两臂之间，使身体呈流线型姿态，两脚用力蹬壁向前滑行。

图 3-1-8 水中蹬池壁滑行漂浮练习图

五、深水熟悉水性

由于初学者对水的物理特性缺乏实际的感知和体验，无法了解如何克服水中压力、阻力对自身的影响，在齐胸高的水中就会出现呛水、喝水、头晕等现象，严重时还会发生呼吸困难、溺水等事故，并使初学者产生恐水心理和其他心理障碍等。

（一）佩戴漂浮带

漂浮带是在初学者未掌握漂浮的情况下使用，作用是为其增加一定浮力，帮助其建立安全感，减轻恐惧心理。漂浮带的佩戴会伴随蛙泳学习的整个阶段，佩戴位置关系学习者在水中良好身体位置的养成。同浅水区一样，深水区同样需从熟悉水性开始，佩戴漂浮带就是第一步。系漂浮带之前，教练要检查漂浮带是否存在安全隐患，检查无误后采用十字交叉法帮学习者将漂浮带系于腰间。为防止漂浮带松弛，移动幅度较大使学习者出现呛水、喝水等现象，系绳需略紧，且不打死结，便于摘解。

图 3-1-9　佩戴漂浮带示范图

（二）练习内容与方法

1. 扶浮板水中行走练习：首先，单臂或双臂扶池边在水中漫步或原地蹬车轮，重心略向前，大腿略抬起，小腿和脚掌提起后向前进的方向积极下压，两腿自然交替，步幅不宜过大，速度不宜过快。身体重心的移动要与腿部动作和手臂的辅助动作协调一致。其次，脱开池边拿浮板在水中进行练习，浮板置于胸前，两小臂置于浮板之上，身体保持直立，两腿蹬车轮前进。

图 3-1-10　扶浮板水中行走练习图

2. 水中行走练习：脱开浮板进行练习时，身体保持直立，两脚蹬车轮前进，同时两手在胸前画圆，辅助身体前进。在水中佩戴漂浮带自由活动时也可做水中抬头“大”字漂浮动作，更好地掌握水性和平衡。

图 3–1–11 水中行走练习图

3. 扶池边呼吸练习：学习漂浮时要双手扶池边，下颌贴近水面，不可以屈髋、屈膝、缩肩，要做到展髋、肩放松、肘伸直。

图 3–1–12 扶池边呼吸练习图

六、深水呼吸

常人在陆地是用嘴或鼻吸气，然后用鼻子或嘴把气呼出，但是在水中为了防止呛水，则呼吸方法不同，采用嘴吸、嘴呼或嘴吸、嘴鼻呼的办法。一个人的呼吸动作是由吸气—憋气—吐气组成的。

（一）动作要领

深水呼吸练习与在浅水呼吸练习基本相同，用嘴吸气后，脸部没入水中稍闭气后用嘴、鼻同时缓慢均匀地呼气，呼气的后半程应边呼气边抬头，在嘴露出水面前将气呼完。

（二）练习内容与方法

1. 扶池边呼吸练习：先练习换气再练习闭气。在气快吐光的一刹那，将头后仰，嘴露出水面。头后仰时肘关节不要弯曲，肩膀放松，浸入水中。嘴露出水面时张嘴吸气后快速低头（头没入水中，标准是水面在头顶处）。

图 3-1-13　扶池边呼吸练习图

2. 扶浮板分腿呼吸练习：分腿练习是为了让学习者的身体保持平衡，不至于左右摇晃。结合扶池边抬头漂浮和扶池边抬头吸气低头呼气呼吸练习，让学习者在没有固定支撑的情况下掌握身体平衡。

图 3-1-14　扶浮板分腿呼吸练习图

3. 扶浮板并腿呼吸练习：扶浮板并腿抬头低头呼吸练习是在扶浮板分腿抬头低头呼吸练习的基础上进行的，保持身体流线型姿态，让学习者有本体感觉，为之后的技术练习打基础。

图 3-1-15 扶浮板并腿呼吸练习图

第二节 蛙泳技术

蛙泳是人类模仿青蛙动作的一种游泳姿式。有平稳、省力、呼吸自然、学会后容易游进且节省体力等优点，特别适合于长时间、长距离的游泳。另外，蛙泳还具有动作隐蔽、易于观察目标和转换方向的特点，在游动时没有什么响声，承载重量又大，所以在生活中和军事上颇受青睐。

一、身体姿势

蛙泳的身体姿势不是固定不变的。在一个动作周期内，两臂前伸，两腿向后蹬直并拢时，身体俯卧水中，头夹于两臂间，两眼注视池底，掌心朝下，身体纵轴与水平面成 5~10 度角。当吸气时，下颌露出水面，肩部升起，这时身体与水面约呈 15 度角。

小知识

蛙泳划水的过程中要保持腿部流线，蹬腿的过程中两臂向前伸成一条直线。

注意：若收大腿，游进的过程中阻力增大。

二、腿部技术

蛙泳的腿部动作由收、翻、蹬夹、滑行 4 个连贯动作组成。蛙泳腿部动作是蛙泳前进的主要动力，是掌握蛙泳技术的基础。

（一）动作要领

两腿从并拢且伸直的姿势开始，大腿带动小腿向臀部回收，在回收过程中逐渐分开。当大腿与躯干之间的角度达到 120 ~140 度时，两膝间的宽度与髋部相同，双脚靠近臀部外侧，小腿向大腿收拢，脚掌底部向上。随后双膝内扣，勾脚并使脚掌外翻，让脚掌内侧和小腿内侧向后方。紧接着大腿发力，推动小腿和脚向后做弧形蹬夹动作。蹬夹动作同步结束，双腿并拢伸直，以流线型姿态滑行。

（二）练习内容与方法

1. 陆上模仿练习：俯卧池边做蛙泳腿收、翻、蹬夹动作的模仿练习。

小知识

蛙泳腿部的蹬夹动作是一个连续完整的动作，不可做成分解动作。

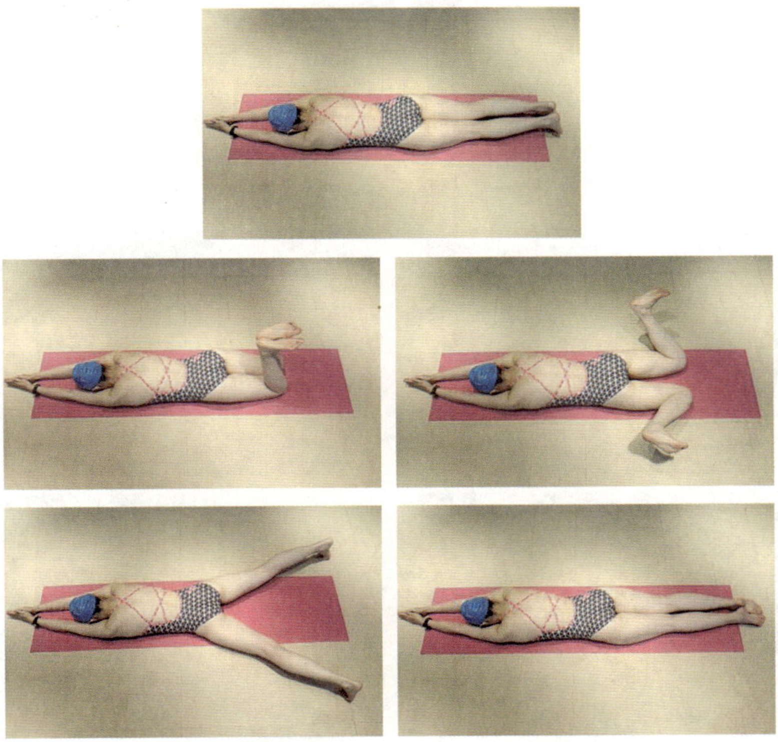

图 3-2-1　陆上模仿练习图

2. 半陆半水练习：俯卧池边做蛙泳腿收、翻、蹬夹动作的模仿练习，但要将髋关节以下放入水中，体会脚对水的感觉。

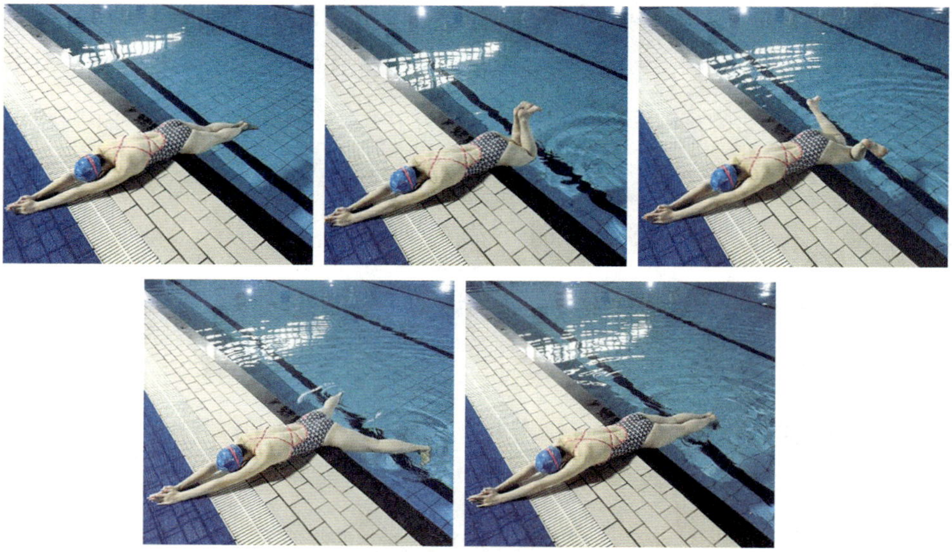

图 3-2-2 半陆半水练习图

3. 两手扶池边练习：由同伴帮助做腿的练习，熟练掌握后再进行个人练习，体会翻脚和弧形蹬夹水动作。

图 3-2-3 两手扶池边练习图

4. 蹬壁滑行后腿部动作练习：可进行一次吸气多次蹬腿练习。练习时谨遵慢收翻、快蹬夹的动作要领，动作周期结束后双手双脚需并拢滑行 1~2 秒。

5. 扶浮板蹬腿练习：在原有基础上逐渐加长游距，熟练掌握与稳定腿部动作，过程中需注意动作节奏。

图 3-2-4　扶浮板蹬腿练习图

三、手臂与呼吸技术

蛙泳的手臂动作由准备、划、抱夹、前伸 4 个连贯动作组成，主要用于蛙泳推进向前与辅助抬头换气。

（一）动作要领

两臂从并拢伸直开始，前臂内旋，稍屈腕，掌心向斜下后方，两手向外划水，边划边屈肘。两手划至两肩宽时，保持高肘屈臂两手向下、向后、向内、向上做加速划水。划至下颌时，两手靠拢，两肘内夹。紧接着两臂前伸，掌心转向下。

蛙泳采用抬头换气的方式，分为早吸气和晚吸气。早吸气用于初学者，晚吸气因难度大常用于运动员。

1. 早吸气：两臂外划时抬头，下划时嘴露出水面张嘴并快吸气，内划时闭气，手臂前伸滑行时呼气。

2. 晚吸气：两臂外划时呼气，内划时头肩抬起。内划结束，露出水面时快速吸气，向前伸臂时闭气。

小知识

学习蛙泳呼吸时要注意，呼吸应是向前上方倾斜进行，头部位置若向肩后上方倾斜，就不能产生前进的速度，头向前的动作越大，腰和腿就会快速下沉。

（二）练习内容与方法

1. 陆上划水与呼吸模仿练习：陆上两脚开立，与肩同宽上体前倾，两臂前伸并拢，掌心向下，先按准备、划、抱夹、伸四拍做蛙泳臂动作，之后按慢划、快伸二拍完成。熟练后加呼吸配合，注意划水时抬头吸气，收手时低头憋气，伸臂时逐渐低头呼气。

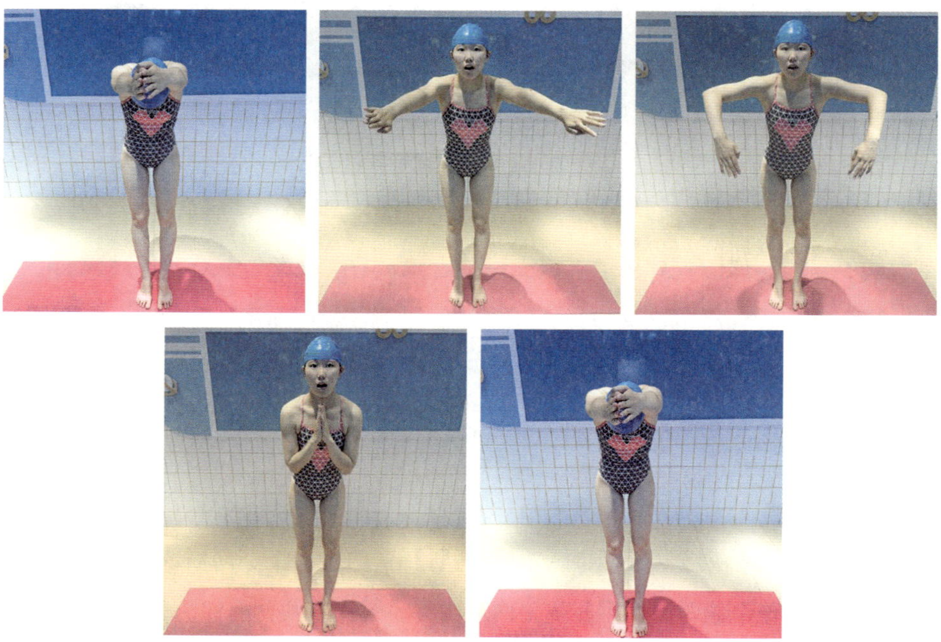

图 3-2-5 陆上划水与呼吸模仿练习图

2. 水中做陆上模仿练习：划水时动作不宜过快，应着重体会划水路线与水感，收手后与手臂伸直连贯进行。熟练后可过渡到行进间手部模仿练习。

图 3-2-6　水中做陆上模仿练习图

四、配合技术

蛙泳配合在于手、腿、呼吸的时序协调，遵循划手—呼吸—收腿—蹬夹—滑行的循环节奏。

（一）动作要领

通常采用划臂 1 次、蹬腿 1 次、呼吸 1 次的配合模式。当两臂向外划动时，腿部保持静止，同时抬头吸气；向内划动时，收腿并屏住呼吸；双臂向前伸直时，夹腿，头部回归原位；在手臂与腿部伸直滑行时，进行呼气。

（二）练习内容与方法

1. 陆地站姿配合模仿练习：两臂上举伸直并拢，掌心向前开始按四拍动作进行练习。一划水腿不动，二收手又收腿，三先伸胳膊后蹬腿，四手脚并拢还原成准备姿势。再过渡到二拍完成。

图 3-2-7 陆地站姿配合模仿练习图

2. 蹬壁滑行配合练习：一次只做一个完整的周期配合动作。即一漂手腿并拢不动，二划水腿不动，三收手的同时收腿，四先伸胳膊后蹬腿，五手脚并拢成漂浮姿势。注意先伸臂后蹬腿。臂、腿配合是蛙泳学习中的重要环节，需熟练掌握。在动作基本正确且熟练的基础上，逐渐增加游距，在反复练习中不断改进动作，力求熟练、放松。

图 3-2-8 蹬壁滑行配合练习图

五、深水教学

腿、臂陆上配合动作要领同浅水蛙泳教学步骤和方法相同，需着重讲解水中练习部分。

1. 扶浮板水下呼吸蛙泳腿练习：下水后，双手扶浮板，双臂伸直，含胸收腹，身体平直漂浮于水面，抬头吸气后做收、翻、蹬夹动作，呼气时滑行。

图 3-2-9　扶浮板水下呼吸蛙泳腿练习图

2. 水下呼吸蛙泳腿练习：下水后，双臂伸直，含胸收腹，身体漂浮于水面，在保证身体平稳漂浮的条件下双腿做蛙泳腿练习动作，注意保持身体平稳。

图 3-2-10　水下呼吸蛙泳腿练习图

3. 半陆半水练习：首先胸部以下俯卧在池边，然后胸部以上及头悬于水面上，池边与腋窝齐平，练习蛙泳划手加呼吸配合动作。

图 3-2-11 半陆半水练习图

4. 水下手加呼吸动作练习：手臂的划水路线尽量长而展，内划时肘关节要收得近一些，路线短一些。肩关节在外划开始时要伸展，内划结束时含胸提肩，为伸臂做好准备，分手抬头吸气，伸手低头吐气。

5. 半陆半水完整动作配合练习：双手向前，身体上半部分俯卧在池边，髋关节在池沿处，双腿在水中，也可以换一个方向，让学习者胸部以下部分俯卧在池边，胸部以上部位及头部悬于水面，池边与腋窝齐平，练习蛙泳的配合动作，必要时加以保护。

6. 水下配合练习：熟练掌握一漂、二划手、三蹬腿的配合节奏，动作要流畅。

图 3-2-12　水下配合练习图

7. 漂浮带逐渐放气至完全脱离漂浮带练习：学习者逐渐脱离漂浮带至完全脱离漂浮带是一个循序渐进的过程，不可操之过急，要找到适宜时机。脱离漂浮带后，学习者易抬头挺胸挺腹，双腿下沉，人直立在水中无法漂浮。在这个过程中，学习者因刚摘解漂浮带，心理紧张，动作变形属于正常现象，此时可以让其沿着池边游进，要关注其安全。按照“划水腿不动，收手再收腿，先伸胳膊后蹬腿，臂腿伸直漂一会儿”的动作顺序让学习者进行练习，熟练后逐渐增加游距。

六、常见错误动作及纠正方法

表 3-2-1　蛙泳常见错误动作及纠正方法表

部位	常见错误动作	纠正方法
腿部动作	没翻脚，用脚尖蹬水	（1）练习跪撑翻脚和压腿，增强膝、踝关节柔韧性 （2）蹬腿勾脚，最后伸展脚踝鞭水 （3）同伴或教练协助练习翻脚和蹬夹动作
	蹬夹时小腿向下打水	（1）加大屈髋程度 （2）蹬腿时先伸髋后伸膝，脚贴水面后蹬腿
	平收宽蹬，蹬夹脱节	（1）收腿两膝下沉，分开与肩同宽，可用绳圈套大腿限制外张 （2）边蹬边夹，可先夹后蹬 （3）坐池边，大腿夹板，小腿和脚做反蛙泳收腿、翻脚、蹬夹动作
	收大腿臀部上下起伏	减少屈髋程度，积极收小腿，使脚后跟尽量靠近臀部

续表

部位	常见错误动作	纠正方法
臂部动作	划水时手摸水	（1）加强手臂力量练习 （2）多做水中划水练习，强调屈臂高肘
	划水太靠后	（1）采用上臂不动小划臂技术，屈臂高肘，两臂前伸弧形划水 （2）强调动作的连贯性，内划紧接前伸，不停顿
	手臂边前伸边外划	（1）手臂内划后并拢前伸，滑行一段再分手外划 （2）多练水中原地划水，两臂前伸并拢时拇指相扣，停 2 秒再做下一动作
配合动作	蹬腿的同时划臂	（1）蹬腿后手臂伸直并拢滑行 （2）多做臂 1 次、腿 1 次分解练习，体会臂、腿交替要领 （3）从蹬 3 次 腿、划 1 次臂过渡到蹬 2 次 腿、划 1 次 臂，最后蹬 1 次腿、划 1 次臂，限制手臂过早外划
	蹬腿的同时伸手臂	（1）先伸臂后蹬腿，做臂、腿分解练习，体会交替要领 （2）划水连贯，内划接前伸不停顿 （3）推迟收腿并放慢速度
	吸不到气	（1）多做水中原地连贯呼吸练习，掌握呼吸方法 （2）多做水中原地划臂配合呼吸练习，手动抬头，延长呼吸时间 （3）改进腿部动作，抬高身体位置

第三节　爬泳技术

爬泳时，身体俯卧在水面上，两腿上下交替打水，两臂轮流划水，动作很像在陆地上爬行，故称爬泳。在竞技游泳比赛中，并没有爬泳这个项目，而设有自由泳，在自由泳比赛中参赛队员可采用任何泳式游进，由于爬泳是游速最快的一种姿势，所以人们在自由泳比赛中都采用爬泳。

一、身体姿势

爬泳时，手脚并拢收腹，使身体呈流线型姿态自然伸直，俯卧在水中，眼看池底，头与水面平行，与躯干成一条直线，身体保持位于水面较高的位置，并保持平直姿势，以减小阻力。

小知识

中心轴保持不变，身体协调摆动，才能保持更有力、更长距离地划水（左臂划水向左摆动，右臂划水向右摆动）。

注意：手臂入水超过身体中心线靠内侧，腰部和脚就会从中心线脱离向外偏，游进的过程中阻力增大。

二、腿部技术

爬泳腿的主要作用是维持身体平衡，保持身体水平位置，配合两臂划水的同时也产生部分向前的动力。爬泳打腿是以髋关节为轴，力量传至大腿带动小腿到脚踝，做有力的上下交替鞭状打水动作，即大腿带动小腿做鞭状打腿动作。

（一）动作要领

两腿自然伸直，脚掌稍内旋，以髋关节为轴，大腿发力，带动小腿和脚上下交替做鞭状打水，向上打时直腿上抬，向下打时以脚背向后下方用力，两脚打水幅度 30~40 厘米。

（二）练习内容与方法

1. 陆上坐撑打腿模仿练习：坐池边或岸边，两臂后撑，眼看内旋的脚做直腿打水，要求髋关节要展开。

图 3-3-1　陆上坐撑打腿模仿练习图

2. 陆上俯卧打腿模仿练习：俯卧在池边或凳上，脚尖绷直腿打水，髋要展开，体会以髋为轴大腿带动小腿的鞭状打腿动作。

图 3-3-2 陆上俯卧打腿模仿练习图

3. 水中扶池边打腿练习：手抓池边，身体水平俯卧水中，两腿做直腿打水练习。

图 3-3-3 水中扶池边打腿练习图

4. 水中扶浮板打腿练习：两臂伸直，两手扶浮板，身体俯卧水中做爬泳两腿上下交替打腿动作。

图 3-3-4 水中扶浮板打腿练习图

三、臂部与呼吸技术

爬泳时，身体的主要前进动力来源于手臂的划水动作。爬泳手臂动作分为抱水、推水、提臂、入水。游进中，抱水和推水是主要推进力，而提臂、入水是必要的准备动作。

（一）动作要领

1. 手臂动作：两臂在同侧肩部交替入水并向前伸展，随后向下、向后屈腕抓水。屈臂时保持高肘，手在身体下方做 S 形曲线加速划水。当手划至大腿旁时，提肘出水，放松前移后再次入水。当一臂入水时，另一臂正处于划水状态。

2. 手臂与呼吸配合：以向右侧转头呼吸为例，右臂入水后开始缓慢呼气，划至肩下时开始向右侧转头。划水结束，当嘴转出水面时快速吸气。右臂移至肩部时，头部回转还原并闭气。

小知识

呼吸时，脸部抬出水面就会产生阻力。

（二）练习内容与方法

1. 陆上手臂动作模仿练习：以右臂为例，两腿前后开立，成左弓步，上体前倾左手直臂撑左膝，做右臂抱水、推水、提肘、前伸划水模仿动作，然后再换另一臂练习。先体会划水路线，后体会节奏。

图 3-3-5　陆上手臂动作模仿练习图

2. 陆上两臂交替划水模仿练习：两腿左右开立，上体前倾，一侧手臂划完移臂入水后，再划另一侧手臂，之后再转成一臂将要入水，另一臂开始划水。

图 3-3-6　陆上两臂交替划水模仿练习图

3. 陆上呼吸模仿练习：两腿开立，上体前倾，两手扶膝，身体带动头向一侧转动吸气，同时放开同侧扶膝的手。

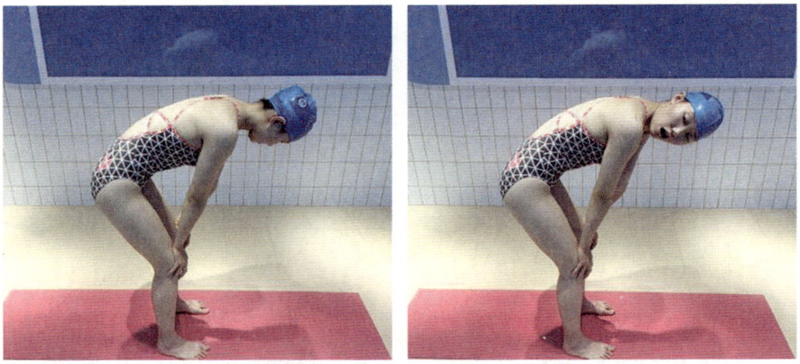

图 3–3–7　陆上呼吸模仿练习图

4. 陆上呼吸与手臂配合练习：两腿直立，上体前倾，双臂前伸，一臂划水时呼气，臂划至肩下向后推水时，同时上体带动头向同侧转动，并加速呼气，臂出水后张嘴吸气。

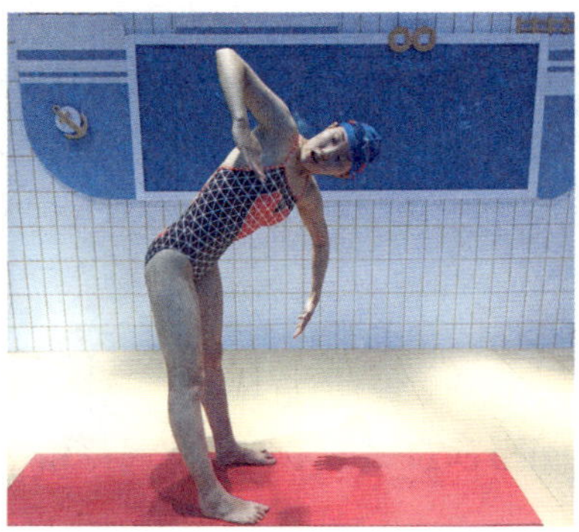

图 3–3–8　陆上呼吸与手臂配合练习图

5. 站立水中做呼吸与手臂配合练习：站立水中，上体前倾，先一臂划完移臂入水后，再划另一臂，之后再转成一臂将要入水，另一臂开始划水。

图 3-3-9　站立水中做呼吸与手臂配合练习图

6. 扶浮板单臂划水练习：一臂扶浮板，低头闭气，身体俯卧水中，另一臂前伸不动。一臂划水练习，熟练后换另一臂。

图 3-3-10 扶浮板单臂划水练习图

7. 夹浮板双臂呼吸配合划水练习：大腿夹浮板，身体俯卧水中。做爬泳手臂连贯动作，配合转头呼吸动作，交替向前游进。

四、配合技术

爬泳配合是身体俯卧于水面，两臂交替向后划水，两腿不停地上下交替打水，头转向一侧呼吸。常见的配合比例有 6∶2∶1（即 6 次打腿、2 次划手、1 次呼吸）、4∶2∶1 和 2∶2∶1。6∶2∶1 常用于初学者和运动员进行短距离比赛或长距离最后冲刺，4∶2∶1 和 2∶2∶1 则常用于运动员长距离和中长距离游进。

（一）动作要领

身体平直俯卧水中，6 次打腿，2 次划手，1 次转头呼吸。

（二）练习内容与方法

1. 陆上模仿练习：自然站立，原地踏步，做两臂划水与呼吸配合练习。

2. 水中臂、腿练习：扶浮板打腿，做单臂划水练习。

3. 水中打腿、划单手、呼吸配合练习：一臂扶浮板打腿，另一臂划水，并按臂与呼吸配合进行练习。划右臂转向右侧吸气，划左臂转向左侧吸气。除吸气时头可出水外，其余时间头必须没入水中。

图 3-3-11　水中打腿、划单手、呼吸配合练习图

4. 水中完整配合练习：蹬壁滑行，打腿几次后，按完整配合技术进行练习。先进行短距离练习，之后根据掌握动作的熟练程度，逐渐增加游距。

图 3-3-12　水中完整配合练习图

五、常见错误动作及纠正方法

表 3-3-1　爬泳常见错误动作及纠正方法表

部位	常见错误动作	纠正方法
腿部动作	小腿打水	（1）向上打水脚跟不露出水面 （2）多做直腿打水练习，体会大腿带小腿要领
	屈髋打水	（1）多做趴凳直腿打腿练习，身体充分伸展略成反弓形 （2）水中展髋，注意大腿上摆，适当抬高头部，利用状态反射助髋关节展开
	勾脚打水	（1）多做跪压踝动作，提高踝关节柔韧性 （2）脚掌稍内旋，绷直脚尖打水

续表

部位	常见错误动作	纠正方法
臂部动作	划水偏外	（1）用矫枉过正法，手在头前方入水 （2）强调内划，手在身体中线下方划水 （3）划水后半段加速伸肘，手指擦大腿前外侧后提肘出水 （4）多做练习发展伸肘肌群力量
	划水时手摸水	（1）强调手臂力量练习 （2）多做水中原地划水练习，体会屈臂高肘要领 （3）多做夹板划水练习，强调高肘，体会拉引身体感觉
	前端直臂下压	（1）多做水中原地站立划水练习，食指先高肘入水 （2）多做夹板单臂划水练习，手臂入水后前伸抓水
	手出水困难	（1）推水结束紧接着出水，不停顿 （2）多做水中原地站立划水练习，强调屈肘提拉，小指侧先提臂出水
	宽平移臂	（1）加强肩关节柔韧性练习 （2）移臂时肩部放松，高肘，增大身体转动幅度 （3）采用条件限制法，靠池壁游，形成高肘移臂
配合动作	臂、腿配合不协调	（1）加强打腿练习 （2）臂划水时两腿不停打水，通过臂入水前伸稍停打水练习改进动作 （3）多练习放松配合游
	抬头呼气	（1）多练习水中站立划水与侧转头呼吸配合 （2）强调身体绕纵轴转动，转头吸气
	吸不到气	（1）加强水中呼吸练习 （2）改进两臂配合，转头吸气时另一臂前伸抓水

第四节　仰泳技术

仰泳是人体仰卧在水中游进的一种泳式。现代仰泳技术是人们从爬泳技术中得到启发，继而借鉴爬泳技术得以发展而来的。因此，两种泳式的技术特点有许多相似之处，如身体位置、两臂配合时机、身体重轴转动方向等。

仰泳时，脸露出水面，呼吸方便，动作简单省力，是水中休息的一种好方式，浮力较好的初学者只要稍微掌握打腿动作就能够游起来。

一、身体姿势

仰泳在水中的身体位置是仰卧平躺，自然伸展，头和肩稍高于臀部，与水面构成 5~10 度的迎角，呈流线型姿态。后脑浸入水中，脸露出水面，下颌略收稍靠近胸部，感觉像平躺在床上，臀部及腰部肌肉保持适度紧张，避免晃动。

小知识

身体围绕纵轴的转动自然协调，头部位置保持稳定。

注意：入水时手的位置过于向内，腰部就会下沉，身体随之偏向一侧。

二、腿部技术

仰泳腿部动作主要起到维持身体平衡和向前推动的作用。仰泳腿部动作由上踢和下压两部分组成，下压为准备动作，上踢是主要推进力。

（一）动作要领

两腿自然伸直，脚稍内旋，以髋关节为轴，大腿发力，大腿带动小腿和脚上下交替做鞭状打水。上打时屈腿，以脚背向后上方用力踢，下打时直腿下压，两脚打水幅度 40~50 厘米。

（二）练习内容与方法

1. 陆上坐撑模仿练习：坐于池边或地上，两手后撑，上体后仰，两腿斜上举，做仰泳的上下交替打水动作。脚尖绷直，大腿带动小腿做鞭状打水动作。

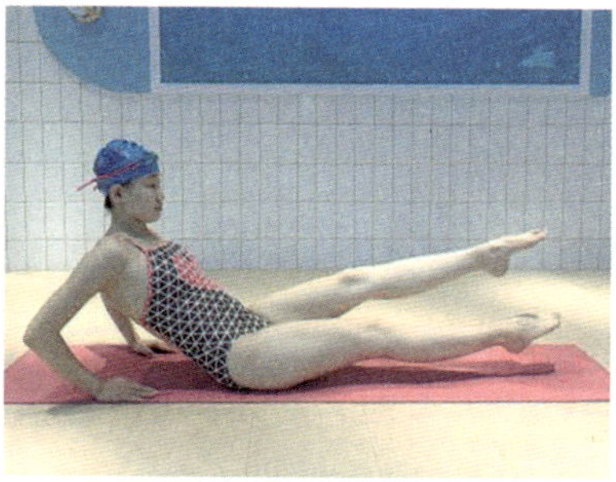

图 3-4-1　陆上坐撑模仿练习图

2. 池边仰卧打腿练习：身体仰卧于池边，两手臂在头上方并拢伸直，两腿放入水中，做两腿上下交替打水动作。

图 3-4-2 池边仰卧打腿练习图

3. 水中仰卧漂浮练习：水中站立，头和上体后仰，身体平躺于水中，两臂在体侧，仰卧漂浮于水面，髋部展开，头部与身体保持水平姿势。开始时可先由同伴托腰或头帮助仰浮，熟练掌握后逐渐进行单独练习。

图 3-4-3 水中仰卧漂浮练习图

4. 水中扶浮板打腿练习：将浮板置于腹部、头下或双手抓浮板两臂伸直，在浮板帮助漂浮下，做抱板、枕板、抓板等打水练习。

图 3-4-4 水中扶浮板打腿练习图

三、臂部技术

仰泳手臂的划水动作是仰泳前进的主要推进力，所以划水动作效果的好坏直接影响仰泳游进时的速度。仰泳手臂动作主要有入水、抱水、推水、出水空中移臂。

（一）动作要领

两臂轮流在肩前直臂入水，向前、向下、向后屈腕抓水，屈臂、高肘在体侧向后做S形曲线加速划水，至大腿旁鞭状下压，提肩直臂出水，经肩的垂直面上直臂向前移臂再入水。当一臂入水时，另一臂划水结束。

小知识

推水时手掌向下可获得有效的推进力。正确的出水动作是利用身体转动带动手臂伸展，错误的动作是手部先出水，肩膀沉在水中。

两臂各划1次，呼吸1次，当左臂移臂时吸气，右臂移臂时呼气。

（二）练习内容与方法

1. 陆上手臂模仿练习：站立模仿仰泳臂划水动作，先做单臂动作，后做两臂轮换配合；先直臂划水，再过渡到屈臂划水。

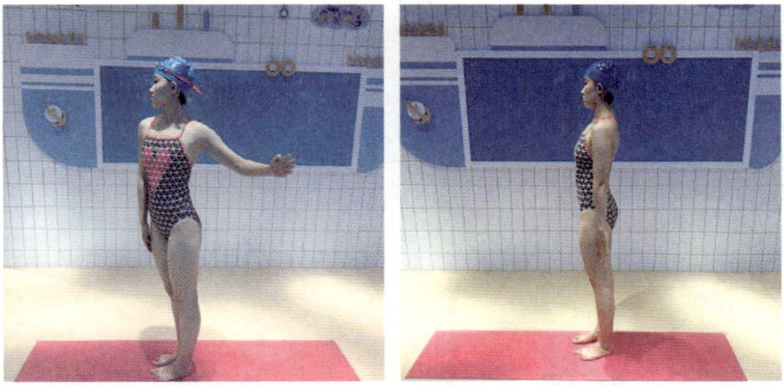

图 3-4-5 陆上手臂模仿练习图

2. 水中托扶划臂练习：由同伴抱住双腿，做手臂划水练习。

图 3-4-6 水中托扶划臂练习图

3. 水中夹板划臂练习：大腿夹浮板，身体仰卧于水中，两臂交替做划水动作。

4. 水中夹板划臂呼吸练习：大腿夹浮板，身体仰卧于水中，两臂交替做划水动作，配上有节奏的呼吸，逐渐形成一臂在空中时吸气、另一臂准备空中前移时呼气。

图 3-4-7 水中夹板划臂练习图

四、配合技术

仰泳常见的配合是6∶2∶1，即6次打腿、2次划手、1次呼吸。游仰泳时嘴、鼻始终露出水面，呼吸不受限制。为了避免由呼吸不充分带来的动作紊乱，最好保持一定的呼吸节奏。常见的是一臂移臂时吸气，另一臂移臂时呼气。

（一）动作要领

身体平直仰卧水上，两腿打水6次，配合两臂划水2次，呼吸1次。

（二）练习内容与方法

1. 陆上模仿练习：原地踏步与两臂划水配合模仿练习。

2. 水中单臂配合练习：仰卧滑行打腿，一臂前伸，另一臂做与腿的配合练习。

3. 半陆半水单臂练习：仰卧模仿单臂划水动作。

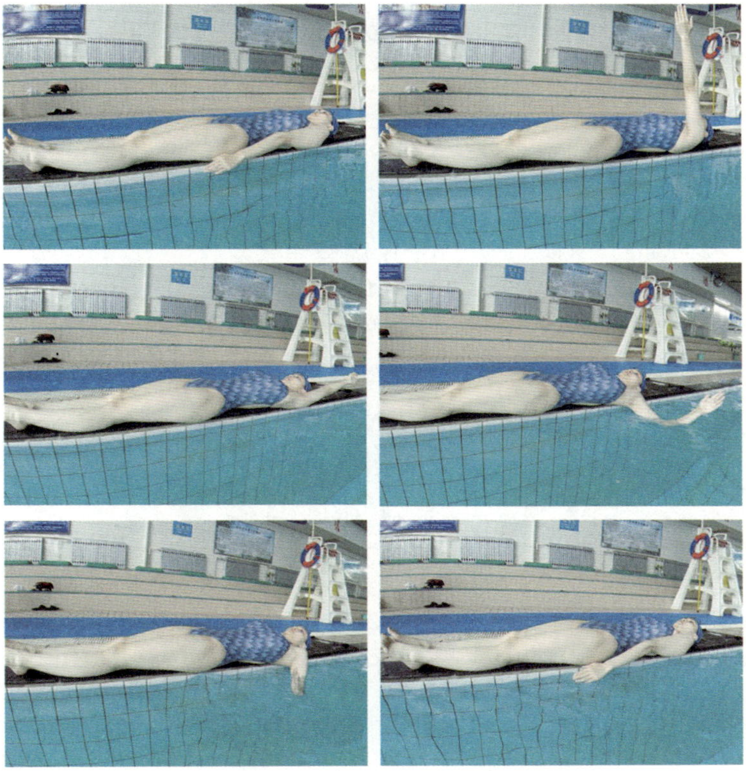

图 3-4-8　半陆半水单臂练习图

4. 水中双臂分解配合练习：仰卧滑行打腿，一臂划水并经空中移臂入水后，另一臂再做动作，两臂交替进行。

5. 水中完整配合练习：仰卧滑行打腿，加手臂动作做完整配合练习。

图 3-4-9　水中完整配合练习图

五、常见错误动作及纠正方法

表 3–4–1 仰泳常见错误动作及纠正方法表

部位	常见错误动作	纠正方法
腿部动作	打腿时膝关节露出水面	（1）髋关节展开，大腿下压，上踢时膝部制动 （2）直腿打水体会要领
	腿下沉，踢不出水花	（1）掌握正确的呼吸方法，需注意稍微仰头、微微挺胸，以形成平直的仰卧姿势 （2）进行小幅度、快频率的打腿动作，下压时保持腿部伸直并放松，上踢时弯曲腿部并用力
	小腿踢水	（1）强调大腿带动小腿鞭状打水，注意大腿下压动作 （2）直腿打水体会要领
臂部动作	入水点过于偏外	（1）加强肩关节柔韧性练习 （2）强调躯干绕纵轴转动，单臂划水体会要领 （3）采用矫枉过正法，手在头前入水
	入水点超过身体中线	（1）强调空中移臂和入水时臂伸直，可仰卧池边做直臂入水模仿动作 （2）用矫枉过正法，手在同侧肩纵切面外侧入水
	入水时手背拍击水面	（1）加强肩关节灵活性练习 （2）强调空中移臂后半段手臂内转，可仰卧池边做入水模仿动作
	直臂划水	（1）强化屈肘与伸肘肌群的力量训练 （2）强化屈臂倒高肘划水动作，注重提拉、推压及鞭水动作 （3）采用条件限制法，靠着池壁游进，形成屈臂姿势
	两臂划水不连贯	（1）在水中保持站立姿势，连贯地抡动双臂并向后退，体会双臂持续划水且始终保持相对位置的要领 （2）着重强调在完成向下推压鞭水动作后，要立即提臂出水
配合动作	坐着游	（1）仰头、挺胸，展平髋关节，头后部入水。 （2）通过练习形成正确的仰卧姿势 （3）加强呼吸练习，消除恐水心理
	臂、腿配合不协调	（1）强化打腿练习 （2）强化在手臂划水时两腿持续打水的练习 （3）采用手臂入水后稍做停顿再打腿的游进练习，体悟动作要领

第五节　蝶泳技术

蝶泳手臂动作像蝴蝶飞舞，故被称为蝶泳。在4种竞技游泳姿式中，蝶泳是最年轻的一种泳式，它是从蛙泳派生出来的，现代蝶泳的躯干和腿采用了一种类似于海豚游泳的波浪式摆动动作，所以蝶泳又被称为海豚泳。蝶泳动作连贯，节奏明显，游进速度仅次于爬泳，但蝶泳技术比较复杂，对身体的协调性及臂、腿、腹的肌肉力量都有较高要求。

一、身体姿势

蝶泳没有固定的身体姿势，而是在整个周期中不断变化。在不呼吸的动作周期中，应减少身体在水中的起伏；在有呼吸的动作周期中，抬头的幅度要小，下巴尽可能地贴近水面。在游进中，背部和躯干大部分时间保持水平，起伏不应太大，随着身体波浪起伏保持在水面上或紧贴水面。臀部位置随着手臂动作变化，位置变化轨迹应呈小波浪线。

小知识

第1次打腿动作腰部要尽量抬出水面，第2次打腿动作是协助手臂向上划水，因此第2次打腿动作要比第1次幅度小。

二、腿部技术

蝶泳腿部动作是一系列波浪形的动作，可分为上打和下打。

上打动作开始于下打动作接近结束时，由躯干的波浪形惯性带动腿部开始上抬，此时由于水的压力，小腿和踝关节呈被动伸直状态。

下打动作是鞭状打水动作，当脚的位置上抬到身体上方时开始屈髋、大腿下压，随后立即伸膝完成下打。

（一）动作要领

两腿自然伸直并拢，脚部内旋由腰部发力，带动臀部、大腿、小腿和脚做上下鞭状打水。下打时提臀向后下方用力，腿部自然伸直，脚打水幅度40～50厘米。

（二）练习内容与方法

1. 陆上站立模仿练习：双脚并拢站立，两臂合并伸直向上举起，模仿蝶泳时躯干与腿部的动作。练习时，先进行3个组合动作的分解练习，分别是屈髋、屈膝、挺腰；提臀、伸展膝盖、弯曲腰部；挺髋、挺膛、挺腰。掌握分解动作后，将这3个动作连贯起来做。

图 3-5-1 陆上站立模仿练习

2. 陆上单脚站立模仿练习：右手扶在墙上，左手自然下垂。右足站立，左足悬空。接着摆动腰部，用腰带动左大腿、小腿直至脚踝，向前踢。

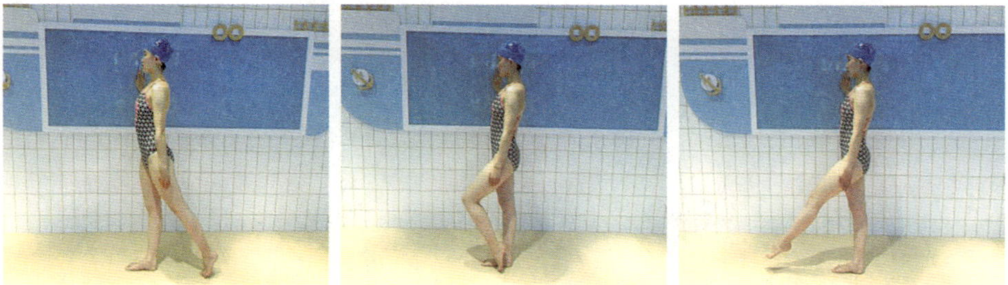

图 3-5-2　陆上单脚站立模仿练习

3. 水中滑行打腿练习：蹬离池底或池壁并滑行一段距离后，在水下进行打腿练习。

4. 水中扶浮板打腿练习：先低头憋气并进行打腿动作，待基本掌握该动作后，再将头抬起，于水面上进行自然呼吸。

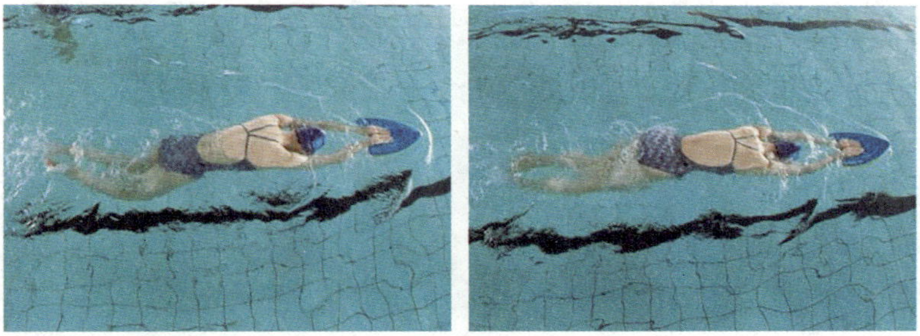

图 3-5-3　水中扶浮板打腿练习图

三、臂部技术

蝶泳手臂划水动作产生的推进力，是推动身体前行的主要动力。蝶泳的臂部动作与爬泳类似，区别在于蝶泳为两臂同时对称划水，爬泳则是两臂交替进行划水。

（一）动作要领

两臂同时对称于肩前入水，向外下后方屈臂转腕抓水后，在身体下方保持屈臂高肘姿势，向内、向后、向外呈 S 形进行加速划水。划水至大腿旁时，提肘出水，经空中前移手臂后再次入水。臂入水时呼气，划水时抬头，推水时吸气，移臂时闭气。

小知识

手臂入水时要向外划水，在抱水时手掌向内侧方向划水，手掌才能压住水，向下产生推进力使身体与头抬出水面。出水阶段手掌应向身体内侧，首先出水的是小拇指，逐渐到全手掌。

（二）练习内容与方法

1. 陆上站立模仿练习：两脚分开站立，身体前倾，模仿蝶泳划臂动作，体会蝶泳划臂的轨迹，以及转肩和移臂动作。

2. 陆上臂与呼吸配合模仿练习：与手臂动作练习相同，只是在划臂过程中配合呼吸，也就是划手时抬头吸气，移臂时低头呼气。

3. 水中行进划水模仿练习：站在浅水中进行模仿练习，感受划水的方向、路线，以及划水对身体的推进作用。先进行原地站立练习，随后借助划臂的推进作用，边走动边练习。熟练掌握动作后，配合呼吸进行练习。

图 3-5-4　水中行进划水模仿练习图

4. 水中夹板划臂练习：双腿夹住浮板进行划臂练习，感受手臂的划水动作，以及手臂与呼吸的配合。

四、配合技术

蝶泳配合技术动作中臂、腿的配合方式是每划水 1 次，打水 2 次。手入水时开始第 1 次打腿，推水过程中结束第 2 次打腿。完整配合方式有采用 2 次打水、1 次划水、1 次呼吸（2∶2∶1）的，也有采用 4 次打水、2 次划水、1 次呼吸（4∶2∶1）的。做动作时需要注意的是，不管在一个周期中是否吸气，移臂时肩部都应该露出水面，以减小移臂阻力。

（一）动作要领

一般采用划臂 1 次、打腿 2 次、呼吸 1 次的配合，两臂入水前伸时打第 1 次腿，呼气；两臂推水时打第 2 次腿，抬头吸气；空中移臂时闭气。

（二）练习内容与方法

1. 陆上臂、腿配合模仿练习：一腿站立，另一腿后伸，脚尖点地，身体前倾，两臂后伸于大腿两侧。由后向前移臂时腰部放松，后腿上抬；臂入水时，后腿做第 1 次向下打水，抓水、抱水时做第 2 次打水。

2. 陆上完整配合模仿练习：同上练习，臂、腿配合时，加上呼吸与臂的配合。

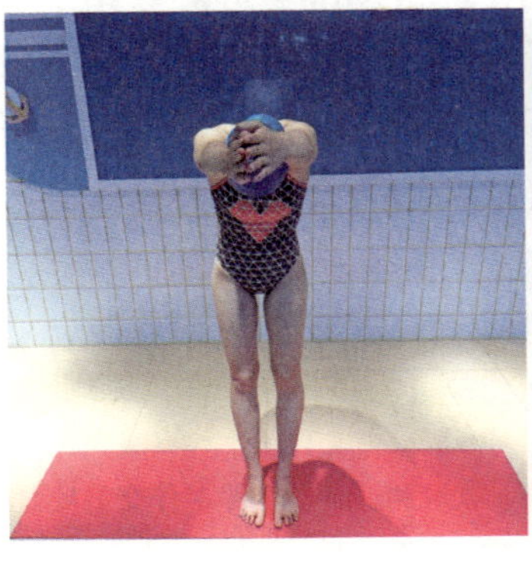
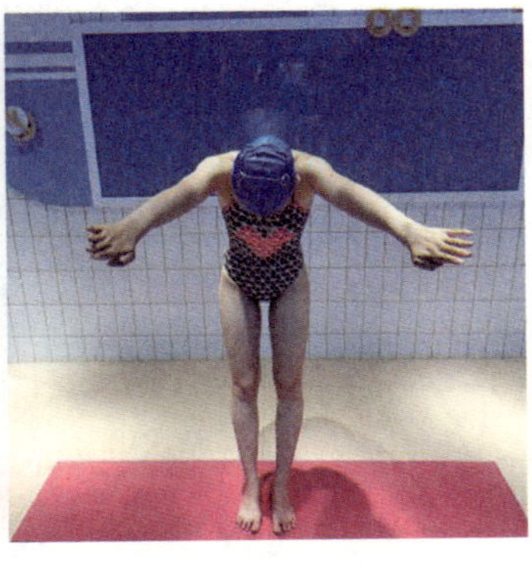

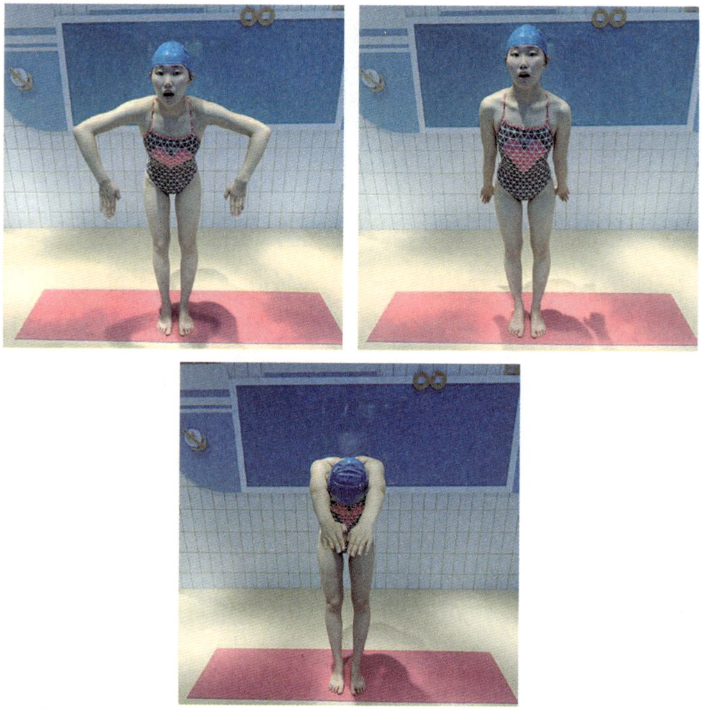

图 3-5-5 陆上完整配合模仿练习图

五、常见错误动作及纠正方法

表 3-5-1 蝶泳常见错误动作及纠正方法表

部位	常见错误动作	纠正方法
躯干和腿部动作	屈伸小腿打水	（1）通过讲解和示范，明确打水动作要领 （2）多进行以腰带动腿的模仿练习
	直腿打水，无波浪动作	（1）讲解、示范打水动作要领 （2）小腿和脚要放松 （3）多做模仿练习，下打时适度屈膝，强调腰发力带动下肢依次用力 （4）注意提臀、收髋和展腹、沉髋动作交替反复练习 （5）多做潜水打腿，加大躯干动作幅度

续表

部位	常见错误动作	纠正方法
臂部动作	手臂出水、移臂困难	（1）注意出水与推水连贯性，推水同时提肘 （2）加大推水力度，提升速度 （3）注意推水后掌心朝后，出水时略向内旋 （4）强调先低头再移臂，多练习憋气划手与移臂
	划水路线太短	（1）讲解、示范划水路线 （2）陆上反复模仿后推动作，水上练习时要求手推至大腿侧 （3）强调推水后段抬头吸气 （4）加强手臂力量的训练
配合动作	臂、腿配合脱节	（1）讲解、示范配合动作要领 （2）陆上模仿练习，强调推水时第 2 次打腿 （3）臂入水后即开始抓水动作 （4）加强陆上配合模仿和水上配合练习，掌握正确的配合节奏 （5）选择体力充沛时进行练习，缩短练习距离
	上体无波浪动作或波浪动作过小	（1）讲解、示范配合动作要领 （2）反复进行陆上模仿练习，强调低头带臂入水 （3）强调向下打腿时提臀

第六节　出发与转身

游泳比赛的开始称为出发，优秀的出发技术能让运动员处于领先优势。根据游泳竞赛规则，自由泳、蛙泳、蝶泳必须从出发台起跳出发，仰泳在水中出发。在现代游泳比赛中，良好的出发技术能形成一种心理上的优势，特别是短距离，胜负往往取决于 0.01 秒，因此出发技术显得很重要。

在 50 米泳池中比赛，除 50 米距离项目外，都需转身，距离越长转身次数越多，25 米短池比赛中转身次数更是成倍增加。作为比赛中的重要组成部分，转身技术的好坏，对成绩也有直接影响。因此，掌握正确的快速转身技术对比赛有重要意义。

一、出发台上出发技术

在竞技游泳比赛中，蝶泳、蛙泳、爬泳和个人混合泳应从出发台上出发。台上出发技术常见的有抓台式、蹲踞式和摆臂式，现代竞技比赛中运动员采用较多的是抓台式和蹲踞式，两种出发技术效果上没有什么差异，但技术上各有利弊。蹲踞式准备姿势的稳定性和离台速度要好于抓台式，但在腾空高度与距离上不如抓台式。

抓台式出发是比赛中运动员等候出发信号时，双手抓住出发台或侧缘，借助手臂拉抬动作，保持身体重心的稳定性，并在起跳时获得手臂拉抬的动量。抓台式出发技术可以分为预备姿势、拉台、离台、腾空、入水、滑行、出水 7 个部分。

1. 预备姿势：当发令员发出长哨音后，运动员站在出发台上，用两脚脚趾勾住出发台的前缘，两脚分开同肩宽，用两手抓住出发台前缘或侧缘，膝关节弯曲呈 40 度左右，目视前下方，身体重心尽量略微前移。

2. 拉台：出发信号发出后，手臂向上拉出发台，身体重心前移到出发台前面，屈膝屈髋，身体向前下方移动，手脱离出发台向前摆动。

3. 离台：手脱离出发台后，手臂快速弯曲，向上移动到下颌下面。当脚离台后手臂向前下方伸展，头的动作跟随在手臂之后，当脚离台、双臂向前下方伸展时眼睛看下方。随着手臂向前摆动，身体前移，当膝关节弯曲成约 80度时，两脚伸展，通过髋关节和膝关节强有力的伸展，以及踝关节的伸展完成腿部的蹬离动作。

4. 腾空：离台后身体伸展在空中滑行，躯干越过空中最高点后弯腰呈弓形，随后两腿上抬，身体重心呈直线准备入水。

5. 入水：入水时身体呈流线型姿态，两臂两腿并拢且伸展，两手重叠，头夹在两臂下面。

6. 滑行：入水后身体保持流线型姿态滑行，一般到身体滑行速度接近游速时停止滑行。

7. 出水：不同泳式的出水动作有所不同，蛙泳出发滑行后一般做长划臂动作，两手先向外上方划水，外划超过肩宽后，屈肘屈腕，手掌向后拨水。抓水后，两臂保持高肘姿势向内、向后、向上加速划水，使身体前进速度明显加快，此时再次滑行。当滑行速度下降到接近游泳速度时，开始收手伸臂。接近伸直时开始加速蹬夹水，蹬夹水结束前，头部应上升到水面。随即划水、吸气，开始正常的蛙泳动作。

短距离爬泳出发入水后，一般滑行距离较短，身体在水中的位置也较浅，很快接自由泳打腿使身体上升到水面，开始划水、起游。短距离爬泳出水起游也有部分自由泳运动员滑行后先做若干次水下海豚式打水，使身体升到水面，接自由泳划水动作。

蝶泳出发后，通常先做快速水下海豚式打水动作，并逐渐使身体上升到水面，开始做蝶泳动作。

（一）动作要领

听到“各就位”口令时，两脚开立（与肩同宽）于出发台前端（脚趾扣住前缘），上体前屈，微屈膝，两臂伸直，手抓出发台前缘或侧缘。听到出发信号后，低头、拉臂、倒体，屈膝后，用力蹬伸膝、踝，同时伸臂、展髋，身体向前方跃起。制动手臂，低头，微收腹，并手，夹头入水。身体在水下呈流线型姿态，并保持适度紧张滑行，速度降至游进速度时开始游泳动作。

（二）练习内容与方法

1. 陆上起跳模仿练习：分两拍进行练习，一是两脚开立与肩同宽，两臂自然下垂；二是两腿向上跳起，两臂经体侧摆臂至头上伸直并拢。

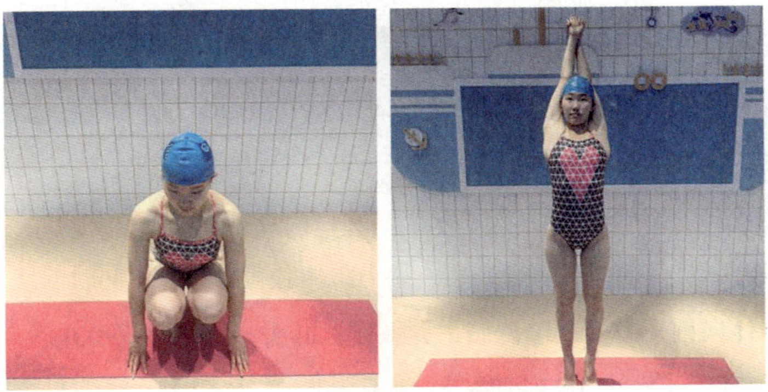

图 3-6-1　陆上起跳模仿练习图

2. 池边鱼跃出发练习：双脚开立，与肩同宽，脚趾勾住泳池边缘，双腿微微弯曲，上半身前倾，头置于两臂之间。身体缓缓向前倾倒，当臀部离开池边时，双脚用力蹬池槽，身体向前上方跃起。身体充分伸展后，按照手臂、头、躯干、腿的顺序依次入水。入水时，注意低头、含胸收腹。

图 3-6-2 池边鱼跃出发练习图

3. 池边出发练习：站立池边，按照摆臂式出发完整动作要领进行练习。练习时，可以先进行手臂由后向前摆动的出发动作，再进行两臂绕环的摆臂出发动作。

4. 出发台出发练习：在出发台上，按照池边蹲跳出发技术进行练习。

5. 抓台式出发练习：双脚与肩同宽平行站立，脚趾扣住出发台边缘。上体向前弯曲，微微屈膝，双臂伸直，双手抓住出发台前缘或侧缘。听到出发信号后，低头、拉动双臂、身体前倾，屈膝之后，用力蹬伸膝盖和脚踝，同时伸展双臂、展开髋部，使身体向前上方跃起。控制手臂动作，低头、收腹，双手并拢，夹头入水。当入水滑行速度下降至游进速度时，分别衔接爬泳、蛙泳、蝶泳的起游动作。

图 3-6-3　抓台式出发练习图

二、仰泳出发技术

仰泳是一种从水下出发的竞赛项目。仰泳出发技术可以分为预备姿势、蹬离池壁、腾空入水、滑行、出水 5 个部分。

1. 预备姿势：发令员发出第一声长哨音后，运动员下水，在水中面对池壁，双手握出发握手器。双脚贴住池壁，脚掌和脚趾应抵住池壁，但脚后跟与池壁分开。腿弯曲，髋关节位于水中。“各就位”命令发出后，低头、团身，屈肘用手臂向上拉起身体，臀部靠近脚后跟。

2. 蹬离池壁：出发信号发出后，头部向后上方甩动，双眼看向泳池对面，随即用手臂向前下方推握手器，使身体向后上方弹射出去。手臂伸直后，手立刻松开握手器，尽快从头顶摆动手臂。同时，借助膝关节和踝关节的伸展，将身体向上推离池壁。

3. 腾空入水：蹬离之后，身体在空中呈弓形划行，头向后仰起，手臂在头顶上方伸展，腿和脚同样要保持伸展状态。入水时，身体需维持流线型姿态，双臂向前伸展并拢，头夹于两臂之间，双腿和双脚持续保持伸展，尽可能让身体的各个部位从同一处，也就是手和头入水的那个点入水。

4. 滑行：入水后，手臂应略向上升，腿向下沉，使身体运动方向从向下转为向前。在前进速度下降到接近游速之前，应以流线型姿态滑行，之后开始打腿。

5. 出水：许多仰泳运动员采用了水下海豚式打腿（不超过 15 米）的技术，随后接正常仰泳动作。

（一）动作要领

面向池壁，双手握出发握手器，双脚在水下蹬住池壁，臀与大腿部分浸入水中。听到“各就位”指令后，双臂屈肘向上拉动身体，使身体贴近池壁，低头、收腹，胸、腹紧密贴合，身体大半部分露出水面。听到出发信号后，进行预蹲动作，双手向下（内）按压握手器，双臂向后上方摆动，同时仰头挺胸，双腿用力蹬离池壁，跃出水面，身体在空中呈反弓形。两臂伸直贴近头部，身体向后翻转，按照手臂、头、躯干、腿、脚的顺序依次入水。入水后保持身体伸直，双臂并拢呈流线型姿态滑行。当速度降至游进速度时，开始打腿和划臂。

（二）练习内容与方法

1. 陆上模仿练习：在原地进行下蹲，同时保持挺胸抬头的姿态。接着，将两臂经身前或两侧向上摆动，与此同时用力蹬腿，伸展身体直至直立。

2. 水中反跃滑行练习：站在齐腰深的水中，双臂向前平举。下蹲之后，双臂向后上方摆动，双腿用力蹬踩池底。同时，仰头、挺胸、舒展身体，使身体向后上方呈反弓形跃起。入水后，身体伸直滑行。

图 3-6-4　水中反跃滑行练习图

3. 出发完整动作练习：双手握出发握手器，按仰泳出发动作要领，做仰泳出发动作。蹬出时，强调仰头、挺胸和两臂快速前摆，身体尽可能地跃出水面。掌握动作技术后，结合“各就位、跳”口令进行练习。

图 3–6–5　出发完整动作练习图

三、蝶泳与蛙泳转身技术

蝶泳和蛙泳转身技术有很多相同之处，所以在游泳竞赛规则中也针对它们的转身有相同的要求，即在转身和到达终点时，两手应在水面，水上和水下同时触壁；两手触壁身体必须保持俯卧；转身后，身体应及时恢复俯卧姿势。与蝶泳转身相比，蛙泳转身蹬离池壁后，滑行位置稍向下，以便于做水下长划臂动作。蝶泳在转身滑行时，滑行位置稍浅，便于两腿做 1 次或多次海豚式打水动作。在其他方面，蝶泳、蛙泳转身技术几乎没有差别。

蛙泳和蝶泳的转身动作相同，都采用的是摆动式转身。摆动式转身可分为游近池壁，转身，蹬离、滑行和出水 3 个部分。

1. 游近池壁：游近池壁时应注意观察距离，根据距离和自己的划频特点对动作进行调整。游近池壁时不要减速，快速积极地完成最后一次划水动作，两手同时有力地触壁。

2. 转身：如果转身时脸朝左侧，那么左手迅速在水下向后伸。在向前的惯性作用下，右手手臂略微弯曲，身体贴近池壁，头露出水面。右手用力将上体推离池壁，两腿收紧向池壁摆动，右手手臂从空中与头和上体一起向与池壁相反的方向摆动。当上体摆动入水时，两手会合，同时两脚触到池壁，躯干没入水中。两脚触壁时，身体侧卧，两脚一高一低。

3. 蹬离、滑行：两脚触壁后立即用力蹬离池壁，身体伸展，手脚并拢，呈流线型侧卧蹬出。蛙泳转身蹬离后边滑行边转为俯卧，当滑行速度下降到接近游速时，开始做水下长划臂动作，应在水下做 1 次长划臂之后再游出水面。

蝶泳转身蹬离后，也先以侧卧姿势滑行，之后边在水下海豚式打腿边转动身体，直到身体接近水面，并成俯卧姿势，开始正常蝶泳动作。

（一）动作要领

迅速游近池壁，两臂向前伸展触碰池壁。曲肘进行缓冲，头和肩露出水面，身体绕纵轴侧转，同时收拢双腿并屈膝，使身体蜷缩成团。双手推开池壁，一只手在空中甩向另一侧，与此同时另一只手由下往上划水。弯曲手臂靠近头部，弯曲臀部侧卧，双脚在水下紧贴池壁。用力蹬池壁，身体侧转为俯卧，并呈流线型姿态滑行（蝶泳转身后在水下做蝶泳打腿动作，当速度减至正常游速时衔接蝶泳手臂动作。蛙泳转身后做一次长划臂动作或直接衔接蛙泳划臂动作）。

（二）练习内容与方法

1. 陆上站立模仿练习：面对墙站立，两手前伸触壁后，模仿蛙泳转身动作。脚贴墙时，一脚支撑，另一脚贴墙蹬出。

2. 陆上行进模仿练习：行进中模仿蛙泳划臂动作。两手前伸触壁后，做 1 的模仿练习。

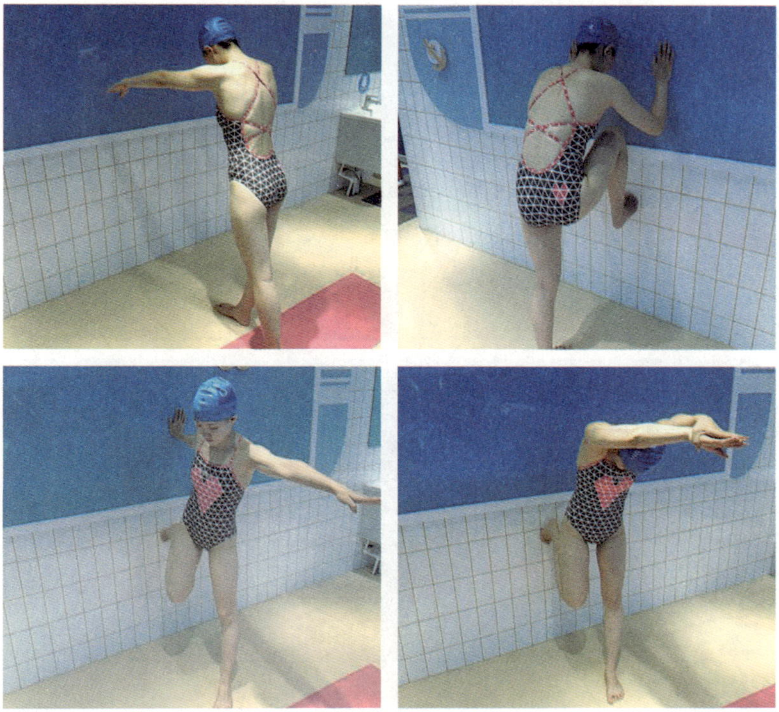

图 3-6-6 陆上行进模仿练习图

3. 水中模仿练习：在浅水中做陆上模仿练习 1、2 的动作。

4. 水中完整动作练习：蛙泳游进池壁，按完整的转身动作练习。练习时可先进行较慢速度分解练习，即游进、触壁、转身、蹬出，再随着掌握动作的熟练程度，逐渐加快转身动作的速度。

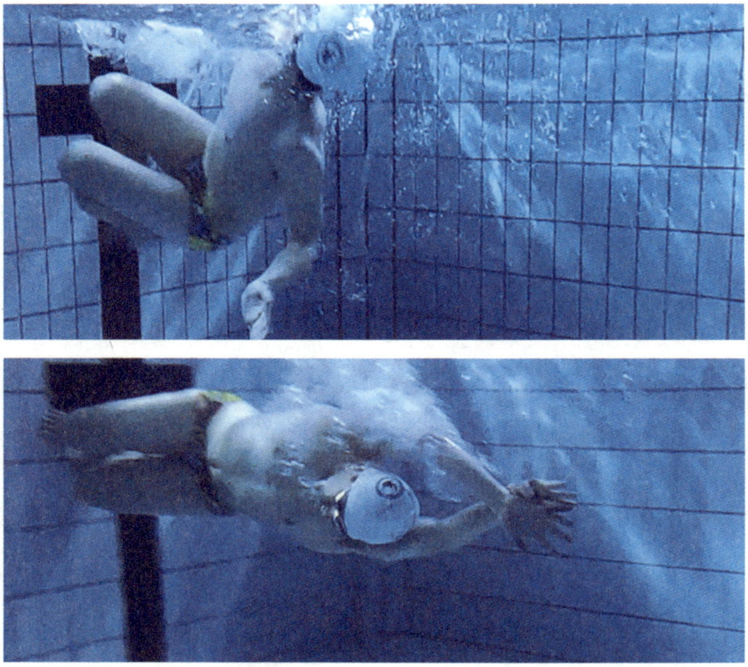

图 3-6-7 水中完整动作练习图

四、爬泳转身技术

现今运动员们主要采用两种爬泳转身方法：一种是滚翻后，身体成侧卧蹬壁；另一种是滚翻后，身体成仰卧蹬壁。仰卧蹬壁的爬泳滚翻转身技术是速度最快的一种转身技术。

滚翻转身动作可以分为游近池壁，滚翻转身，蹬离、滑行和出水 3 个部分。

1. 游近池壁：运动员在游过距离池壁 5 米的池底标志线后，就要调整动作频率和幅度，准备转身了。游近池壁时注意不要减速，根据个人身材和速度的不同，在适当时机完成最后一次划水动作。

2. 滚翻转身：在距离池壁做完最后一次划水动作后，两手停留在体侧，两腿做 1 次海豚式打腿，同时低头、团身，向前滚翻。边滚翻，两手边向头前伸展。滚翻后程阶段头向一侧转动，身体略侧转，脚触壁时脚趾朝侧上方。

3. 蹬离、滑行和出水：触壁后立即蹬壁，此时身体接近仰卧，但略向一侧转动。滑行和起游动作与出发后接近，只是由于蹬离时身体处于侧卧位，因此需要边滑行边转体。

（一）动作要领

快速接近池壁，完成最后一次划水。低头、压肩并将双腿并拢，双脚用力打水，同时收腹、屈髋、提臀，带动身体向前翻滚。当臀部超过头部时，单臂向头部方向划动，身体沿纵轴侧转。双脚出水时屈膝，迅速甩向池壁，身体继续侧转。随后伸展髋部、膝盖和脚踝，用力蹬离池壁，使身体呈流线型姿态滑行。在滑行中从侧卧转为俯卧，减速后开始打腿、划臂出水，衔接途中游动作。

（二）练习内容与方法

1. 垫上前滚翻练习：蹲在垫子上，双手撑地，低头、收腹、提臀，当躯体向前滚动至 3/4 时屈膝，完成滚翻后恢复至准备姿势。

图 3-6-8　垫上前滚翻练习图

2. 绕分道线滚翻练习：双臂伸直，双手握分道线，以直体姿态漂浮于水面。接着进行拉臂、低头、收腹、提臀等动作，让身体围绕分道线向前翻滚。

图 3-6-9 绕分道线滚翻练习图

3. 游进滚翻练习：游进过程中，做低头、团身、收腹、提臀、屈体前滚翻练习。

4. 对池壁滚翻练习：游近距池壁至适当距离时，做前滚翻，成侧卧姿势蹬出，熟练后再做蹬出成仰卧姿势。

5. 滚翻转身完整动作练习：游近池壁，按完整前滚翻转身练习。

图 3-6-10 滚翻转身完整动作练习图

四、常见错误动作及纠正方法

表 3-6-1 出发台出发常见错误动作及纠正方法表

常见错误动作	纠正方法
胸腹拍水	（1）起跳勿抬上体，腾空微收腹，头夹两臂间，手先入水 （2）多做池边低姿蹬跳入水动作，掌握入水角度 （3）身体前倾，失重心瞬间蹬地
屈膝入水	（1）起跳后两腿并拢，大腿前侧肌群紧张，伸直膝关节，绷脚尖 （2）多做陆上原地起跳模仿练习，腾空后两腿并拢伸直

表 3-6-2 仰泳出发常见错误动作及纠正方法表

常见错误动作	纠正方法
臂与背部先入水	（1）摆臂、蹬壁、展体时，头后仰，挺胸、展腹，注视泳池另一端，身体呈反弓形至入水结束 （2）离池壁约 1.5 米拉橡皮筋，腾空和入水时背、腰、臀不触及 （3）预备姿势，脚收紧，前胸贴大腿
身体入水太深	（1）入水后手臂适当上扬 （2）入水后微收下颌

表 3-6-3 蝶泳、蛙泳摆动式转身常见错误动作及纠正方法表

常见错误动作	纠正方法
转身时 没有抬头换气	（1）手触壁时抬头吸气，转体侧倒，甩头、摆臂，低头入水后蹬壁 （2）多做抓槽转体和蹬壁动作
蹬歪、蹬滑	（1）屈膝、团身、收腿，侧倒提臀 （2）多做面对池壁原地转身练习
抬头蹬壁	（1）做好甩头、摆臂，使头、肩入水 （2）侧倒时提臀，双脚贴池壁 （3）多做压低上体、提臀入水的蹬壁滑行练习
蹬壁无力	（1）双手触壁屈肘缓冲，使身体靠近池壁 （2）收腿转体后推壁侧倒 （3）双脚贴壁保持屈髋、屈膝，再蹬壁

表 3-6-4 爬泳前滚翻转身常见错误动作及纠正方法表

常见错误动作	纠正方法
滚不过来	（1）低头、团身、收腹、提臀动作要快，头、胸贴大腿，翻转后上体至水面附近蹬壁 （2）多做前滚翻练习 （3）同伴协助练习前滚翻转身
蹬滑、蹬歪	（1）找准转身位置 （2）强调头、肩下潜方向正，滚翻后脚贴池壁再蹬壁 （3）多做正前滚翻、蹬壁滑行侧转俯卧动作
抬头蹬壁	（1）做好甩头、摆臂，使头、肩入水 （2）侧倒时提臀，双脚贴池壁 （3）多做压低上体、提臀入水的蹬壁滑行练习
蹬壁无力	判断距离，离壁太远可多打腿，使身体靠近池壁

第四章　游泳进阶训练方法

本章主要针对已初步掌握 4 种泳式的游泳爱好者，让其结合不同泳式的技术训练方法加以练习，从而掌握更规范、高效、节能（节省体力）的游泳技术。

第一节　有效前进的力学原理

一、减少阻力

决定水阻的关键是身体游进时横向阻断水流的面积大小。如果游泳技术不成熟、身体位置不佳，在游进时就会形成过大的横断面面积，这样游进的速度就会变慢。

人体在水中本就具备漂浮的能力，但由于身体各部位密度不同，所以在水中的浮力也不同。比如肺部和胃部囊中空而腿部较重，身体的下半部分密度大于上半部分，因此很容易造成腿部下沉，形成头高腿低，即“\”的身体姿势在水中前进，这样就会形成较大的横断面积，在水中游进时速度变慢，也会比身体平直，比“一”的身体姿势消耗更大的体力。

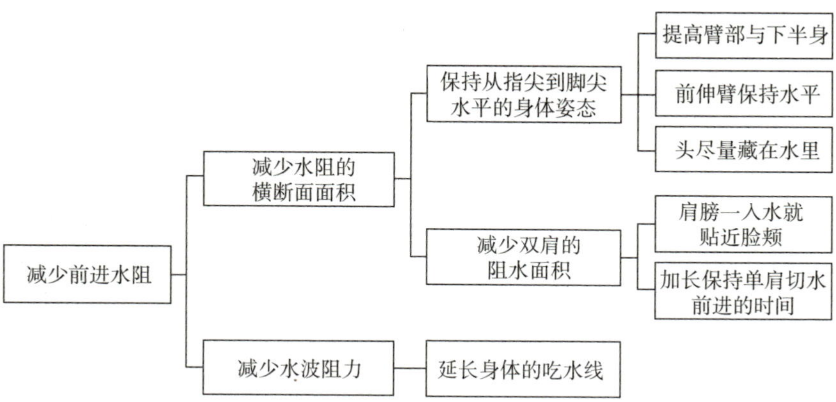

图 4-1-1　减少前进水阻图

1. 俯卧水平漂浮练习：身体呈俯卧姿势漂浮于水面，面朝池底，双臂前伸并拢伸直。此时需要注意身体位置，由于大腿肌肉密度较大，在水中容易下沉呈头高腿低，即“\”的身体姿势。因此，在水中要改变头高腿低的情况，需收下巴看池底，提气至胸腔，脊柱保持挺直状态，可适当轻轻打爬泳腿保持腿部高度。

图 4-1-2　俯卧水平漂浮练习图

2. 仰卧水平漂浮练习：身体呈仰卧姿势漂浮于水面，双臂置于身体两侧，适当轻打仰泳腿保持腿部高度，将注意力集中于控制身体平直，专注于手脚平衡。

图 4-1-3　仰卧水平漂浮练习图

3. 侧卧水平漂浮练习：身体呈侧卧姿势漂浮于水面，面向池壁，双臂置于身体两侧，双腿交替轻打以保持腿部高度。

4. 仰卧转肩练习：身体呈仰卧姿势漂浮于水面，面部朝上，双臂置于身体两侧，头部固定不动，将单肩转至下颌位置处，保持身体呈侧向进行仰泳踢腿，每踢 6 次腿身体转动 1 次。

图 4-1-4　仰卧转肩练习图

5. 仰卧转头练习：练习方法与 3 同，但是身体要保持直线，头部和身体一起转动，每 6 次打腿身体转动 1 次，换气随着转动进行，转动时保持身体的稳定性，减少晃动。

图 4-1-5　仰卧转头练习图

6. 单臂前伸侧卧漂浮练习：身体姿势与 1 相同，不同点是要将两臂位置改为单侧手臂放大腿一侧，另一臂前伸。脸部朝向后上方进行侧向打水，前伸臂的肩膀贴住耳朵。双脚打水，使身体保持平直，即“一”的身体姿势。

图 4-1-6　单臂前伸侧卧漂浮练习图

二、增加水感的方法

移动的关键在支撑，没有支撑就没法前进。在游进的过程中，手掌在水中抓水、抱水和推水都有支撑点，手掌其实并没有动，前进的只是身体，身体向前移动后手掌顺势向下推水前进。但是在初学阶段，人们很容易陷入误区，认为把水向后划，身体就能前进。其实，只有让手臂支撑稳定，才能让身体顺利前进。

1. 站立摸水练习：手掌放于水面以下 1 厘米位置，轻轻左右摸水体会水带来的压力。

图 4-1-7　站立摸水练习图

2. 仰卧摸水练习：身体呈仰卧姿势漂浮在水面保持身体平直，即“一”的身体姿势，双腿夹浮板，手掌放于身体或头部两侧轻轻左右摸水，体会水的阻力。

图 4–1–8　仰卧摸水练习图

3. 俯卧摸水练习：身体呈俯卧姿势漂浮在水面保持身体平直，即“一”的身体姿势，双腿夹浮板，仰头自由换气，双臂伸直与身体呈一条直线，手掌轻轻左右摸水，腿部夹板不动，体会水的阻力。

4. 俯卧旋转身体练习：面朝池底，保持“一”的身体姿势，手臂置于身体两侧夹紧，身体向左或右旋转 1/4，连续旋转，每 1 次保持 5 秒。注意在转动时臀部带动肩膀转动，保持身体在水中的稳定。

5. 划船动作模仿练习：面部朝上，上身微抬起，眼睛看向自己的脚，保持坐立的身体姿势，双手在胸前划“∞”字，轻轻打爬泳腿，注意划水时手臂保持高肘和手腕稳定。

图 4–1–9　划船动作模仿练习图

小知识

放松和用力一样重要。一流的游泳者，除了具有优异的体能与熟练的技术外，还有许多被人忽视的能力：操控肌肉用力 / 放松的精准度。越懂得放松，在水中消耗的能量越少，游起来就越自然轻松。

第二节　蛙泳进阶技术练习

蛙泳技术形式和风格最多样化，几乎所有的蛙泳运动员都有自己的技术风格，但是优秀蛙泳运动员有两个相同的特点：一是每个动作周期都有滑行时间；二是划水过程都是由外划、内抱、前伸组成，动作节奏从慢到快。

练习方法如下：

1. 浮板蹬腿练习：双手拿浮板，低头憋气蹬蛙泳腿，掌握正确蹬水动作节奏，体会蹬水结束后身体流线型姿态的保持。

2. 徒手蹬腿练习：双手自然伸直在前，低头憋气蹬蛙泳腿，掌握正确蹬水动作节奏，体会蹬水结束后身体流线型姿态的保持，以及滑行时间。

3. 徒手抬头蹬腿练习：双臂前伸，保持身体位置，逐渐减少晃动，体会抬头换气时水的压力。掌握正确的呼吸和蹬水动作节奏，此动作为徒手蹬蛙泳腿的进阶练习。

图 4-2-1　徒手抬头蹬腿练习图

4. 1 次划手 2 次蹬腿练习：与一个蛙泳完整周期相同，在 1 个蛙泳腿完整周期结束后多加 1 次蛙泳腿。在蹬第 2 次腿时，手的位置要稳定，体会第 2 次蹬水滑行时水的阻力。

5. 垂直蹬腿练习：动作和踩水相似，但是在练习时要将腿部动作做完整，刚开始练习时可用手轻轻划水帮助身体垂直保持在水面上，腿部正常做动作，动作熟练后可将手臂逐渐伸直超过头顶。

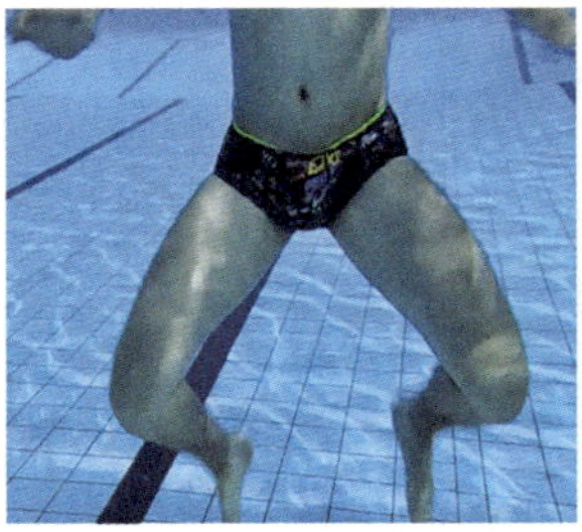

图 4-2-2　垂直蹬腿练习图

6. 蛙泳手蝶泳腿练习：将蛙泳手和蝶泳腿相结合，体会腰腹用力，手部快速划水，手臂充分向前伸展，每次腿部打水时要保持较高的身体位置。

图 4-2-3　蛙泳手蝶泳腿练习图

7. 握拳式蛙泳手练习：手臂划水时，手掌握拳感受手臂在划水时水带来的阻力。注意在练习时要保持高肘。

图 4-2-4　握拳式蛙泳手练习图

8. 控制滑行时间的蛙泳配合练习：掌握正确的配合时机和身体充分舒展姿势，每一趟 50 米游进时，动作次数要逐渐减少，充分将身体位置变成下滑式。

第三节　爬泳进阶技术练习

爬泳是4种泳式中最快的，在游进过程中要保持良好的平衡、划水实效和强有力的打腿技术。优秀爬泳运动员一般具备以下特点：一是保持较高的身体位置；二是连贯放松的移臂动作；三是完美的打腿技术；四是屈臂高肘划水技术；五是出色的身体配合。

练习方法如下：

1. 陆上手臂模仿练习：着重练习爬泳划水分解动作，在陆上面朝镜子观察爬泳推水、提肘、转肩、前伸动作。

2. 浮板打腿练习：双手拿浮板前伸，在掌握正确的腿部动作的情况下，腿部频率由快到慢适当调整，充分体会脚面打水的阻力。

3. 垂直打腿练习：身体保持垂直，打腿时脚腕绷紧，膝盖放松，自然伸直，手臂在胸前“∞”字划水，当腿部感受到水的压力时，手臂可逐渐向上伸直。

图 4–3–1　垂直打腿练习图

4. 徒手打腿练习：掌握正确的腿部节奏，腰部以上身体部位放松伸展，尽可能地做到8次打腿、1次呼吸，提高水下打腿的感觉。

图 4-3-2　徒手打腿练习图

5. 6 次打腿配合练习：在保证爬泳划手和腿部动作正确的基础上，打腿与划手动作协调配合，节奏为 1 次划手、3 次打腿。手臂水下划水的每个阶段都有 1 次对应的下打，以右手为例，当手臂下划时对侧腿下打，手臂内划时同侧腿下打，手臂上提时对侧腿再次下打，呼吸向右侧做单面换气。

6. 2 次打腿配合练习：配合节奏为 1 次划手、1 次打腿，每次打腿结束后，拖动腿直到手臂下划完成，感受每次推水动作的实效。2 次打腿技术需要的能量较少，因此锻炼长距离游泳时，可以采用此方法。

7. 浮板单臂划水练习：一臂扶浮板中间，一臂做划水动作，向划水手臂的同侧吸气，转动对侧的肩膀，练习时采用 1 次划手、6 次打腿的节奏。

图 4-3-3　浮板单臂划水练习图

8. 单臂划水练习：单臂划水有两种方法：一是一臂伸直呈流线型姿态，一臂做划水动作，向划水手臂的同侧吸气，转动对侧的肩膀；二是一臂放体侧，一臂做划水动作，向划水手臂的同侧吸气，转动对侧的肩膀。两种方法在练习时均采用 1 次划手、6 次打腿的节奏。

图 4-3-4　单臂划水练习图

第四节　仰泳进阶技术练习

仰泳是一种身体呈仰卧姿势的竞技泳式，要学好仰泳不仅要克服在水面仰卧的恐惧心理，而且要有合理的技术动作。一般优秀仰泳运动员具备以下特点：一是保持平直“一”的身体姿态；二是具有较好的肩关节灵活性；三是身体有节奏地转动；四是有力且高效的划水技术。

练习方法如下：

1. 陆上手臂模仿练习：着重练习仰泳划水分解动作，在陆上面朝镜子观察仰泳移臂、入水、抱水、推水动作。

2. 腿部练习：双手交叉双臂伸展仰卧在水面，注重脚背向上踢水的感觉，保持流线型姿态。双手放在体侧进行腿部练习，头部与肩部放松，保持好身体姿势。

图 4-4-1　腿部练习图

3. 单臂划水练习：双臂置于体侧，按照提肩、移臂转臂手心向外、小拇指入水、下划、抱水、推水的顺序完成动作，每划 1 次需将手臂保持在大腿外侧滑行 3 秒。

图 4-4-2 单臂划水练习图

4. 单臂交替划水练习：双手伸直呈流线型姿态，按节奏抱水、推水至大腿体侧、提肩、移臂转臂手心向外、小拇指入水换臂交替练习。

图 4-4-3 单臂交替划水练习图

5. 两臂配合练习：用肩膀带动手臂划水，始终保持一肩提出水面，连贯地完成动作不能有停顿，两腿快速有力打腿，采用 1 次划手、3 次打腿的节奏。

6. 呼吸练习：游进的过程中脊柱保持挺直，保持良好的身体位置，呼气时手臂在开始位置，吸气时在另外一只手臂开始的位置。

第五节 蝶泳进阶技术练习

蝶泳是 4 种泳式中最具气势，也是最难学习的一种泳式。练就规范的蝶泳姿势需要较强的协调能力、较大的力量和较好的身体柔韧性，同时还需要较长的练习时间。一般优秀蝶泳运动员具备以下特点：一是整体身体节奏感好；二是身体在波浪中前进；三是手部入水动作切入水中无气泡；四是打腿动作强有力，从髋关节开始发力。

练习方法如下：

1. 陆上手臂模仿练习：学习正确的蝶泳手臂动作入水、外划、内划、推水、出水、低头移臂，在陆上面朝镜子做分解练习，手臂动作要注意有节奏感。

2. 浮板打腿练习：双手扶浮板前伸，肩膀放松，抬头目视前方，腰部做美人鱼式的打腿动作，身体融入水中在波浪中前进。

3. 徒手打腿练习：打腿动作同上，手臂交叉前伸呈流线型姿态，目视池底，2 次打腿、1 次呼吸，注意打腿时腰部的发力。

4. 垂直打腿练习：身体垂直在水中，双腿并拢放松，做蝶泳腿动作，双手可适当做“∞”字划水，腿部感受水的压力，直到腿部动作熟练后，手臂逐渐向上伸直。

5. 扶浮板单臂划水练习：保持身体流线型姿态，一手扶浮板，一手做划水动作，按照推水吸气打第 1 次腿、移臂压肩入水打第 2 次腿，以此节奏重复练习。

6. 单臂划水练习：双手前伸保持身体流线型姿态，一臂前伸至耳朵一侧，另一臂蝶泳划水与爬泳划水练习方法相同。

图 4–5–1　扶浮板单臂划水练习图

7. 配合练习：蝶泳配合的节奏为抬头推水打腿、吸气低头移臂、压肩入水打腿，练习时应注意动作的节奏。

图 4-5-2　配合练习图

第五章　水上救生

2020 年，由美国心脏协会（AHA）主导下的国际复苏联合会（ILCOR）主持制定了第一版《CPR 与心血管急救（ECC）指南》。每 5 年都会根据临床与实验研究得出新的科学证据，对指南进行修订更新，旨在使该指南适用于全球。据世卫组织统计数据，每年因溺水而亡的人群过于庞大，因此每个人都应了解急救知识，掌握急救技能，提高自身社会责任感。2020 年，国务院教育督导委员会办公室发布严防溺水事故预警，提出教育部门要结合本地实际，会同有关部门通过广播电视、微信和微博等多种渠道开展防溺水安全教育，介绍预防溺水安全常识，强化溺水警示教育。

第一节　实用游泳技术

一、踩水

（一）身体姿势

整个身体几乎垂直于水面，稍前倾，头部始终保持在水面上，下颌接近水面，微收髋，膝盖打开，两腿微屈，小腿靠近大腿，勾脚，脚掌向下做立蛙动作蛙泳。

（二）腿部动作

腿部动作有两种：一种是两腿同时做蹬夹动作，几乎和蛙泳腿一样，不同的是收、蹬腿的幅度较小，用小腿和脚内侧向侧下方蹬夹水，膝关节向内扣压，两腿尚未伸直即开始做第 2 次收腿动作，动作要连贯。另一种是两腿交替做内旋踩水动作，在水球项目中，该动作的使用频率较高。这种踩水方式，身体在水中的起伏较小，便于移动，且大腿的动作幅度不大。做动作时，先屈膝，将膝盖向两侧打开，接着小腿和脚向外翻转，利用脚掌和小腿内侧进行夹水动作。当一条腿尚未蹬直时，另一条腿便进行夹水动作。两腿交替进行，脚的蹬水路线与回收路线大致呈椭圆形。

（三）臂部动作

两臂微微弯曲，于身体前侧进行摸水动作，动作幅度不宜过大。向外时，掌心能感受到划水的触感；向内时，手掌会有压水的体验。两手掌摸压水的轨迹呈弧形。

（四）完整动作

臂、腿的动作配合要连贯协调，一般是两腿做蹬夹水时，两臂向外做摸压水的动作，收腿时则向内摸压水，呼吸要跟随臂、腿自然进行。蹬夹水（臂向外）时吸气，收腿（臂向内）时呼气。可以一个动作做 1 次呼吸，也可以几个动作做 1 次呼吸。用踩水游进时，根据身体重心的变化，以及蹬夹和摸压的方向来改变游进方向。向前时身体稍微前倾，脚向后侧方蹬夹水，两臂微微向后拨水，反之亦然。踩水动作熟练后，仅用双腿的蹬踩动作也可使身体浮起，那么单手或双手就可以在水面上自由持物，如水球中持水球进行游戏或比赛。

图 5-1-1　踩水练习图

二、反蛙泳

反蛙泳也称蛙式仰泳，游进时身体仰卧在水中，主要用于训练后的放松和救生时拖带溺水者。在拖带溺水者时不做手部划水动作，仅依靠腿的动作推进。

（一）身体姿势

身体自然伸直放松，仰卧于水面，两臂放于体侧或前伸，稍收下颌，头枕部半部浸于水中。

图 5-1-2 身体姿势图

（二）腿部动作

反蛙泳腿的动作与蛙泳腿相似，然而因身体呈仰卧姿势，在收蹬腿时膝关节切勿露出水面。做动作时，边收腿边向两侧分开，大腿向外展开，髋关节处微微弯曲，小腿向外收拢。收腿结束时，两膝间距略比肩宽，将脚外翻，使脚和小腿内侧向后对准蹬水方向，随后大腿发力，向后做弧形蹬夹动作。

（三）臂部动作

将两臂伸直并放松，手臂自然向后做环绕动作后入水，让手和前臂对准划水方向。随后在身体两侧同时向大腿方向划水。划水结束后，两臂停留在身体两侧，使身体向前滑行。

（四）完整动作

反蛙泳的配合技术有两种：一种是先做手，后做腿部动作；另一种是手、腿同时做动作。动作节奏为 1 次呼吸、1 次划水、1 次蹬腿、滑行。

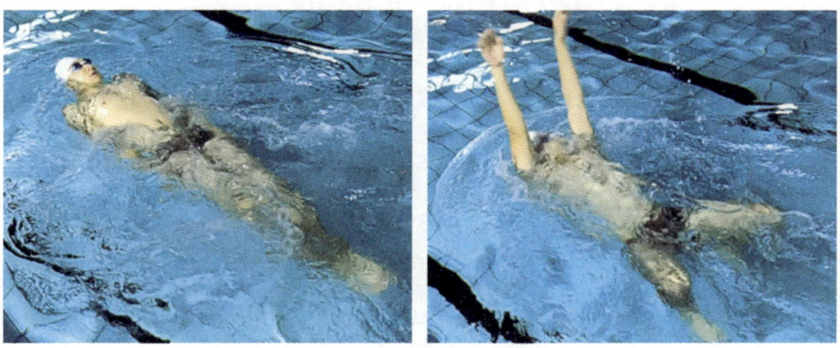

图 5-1-3 反蛙泳练习图

第二节　游泳救生

游泳救生工作是保障游泳者生命安全的一项重要措施。在江河湖海和泳池中进行活动时，都会发生溺水的可能。一旦发现有溺水苗头时，就应迅速采取有效的救护措施。水域不同，发生事故和救护的应急措施也不同，本节只介绍泳池救生。

一、间接救生

间接救生通常是指借助救生器材，对距离池岸较近、神志较为清醒的溺水者实施救援的一种方式。这种方法既安全又高效，简便省力。

（一）救生圈

施救者先在救生圈上绑一条绳子，接着把救生圈抛给溺水者。等溺水者抓牢救生圈后，将其拉回岸边。

图 5-2-1　救生圈图

（二）救生杆

溺水者距离较近时，可将救生杆伸向溺水者，待溺水者抓住救生杆后，将其拖到岸边。

图 5-2-2　救生杆图

（三）救生绳

施救者在救生绳一端系一漂浮物，将救生绳盘成圆形，并握住救生绳一端，将盘起来的救生绳掷于溺水者位置，待其抓住救生绳后，将其拖到岸边。

图 5-2-3　救生绳图

（四）其他救生器材

可将包装用的泡沫、塑料块、木板等漂浮物抛掷给溺水者，溺水者得到漂浮物后，游向岸边。

二、直接救生

直接救生是指施救者不借助任何救生器材，徒手进行施救的一种方法，它要求施救者有一定的游泳能力和救生技能。

（一）入水技术

入水是指救生员发现溺水事故后，迅速跳入水中的一种专门技术。

救生员根据现场情况，可以采用以下入水技术：

1. 跨步式入水技术：救生员距离溺水者较近时所采用的技术。目视溺水者，一脚前跨，另一脚脚趾扣紧泳池边，肘自然弯曲，掌心朝向前下方。入水时，双手向前下方抱压水，同时双脚做剪水动作，形成向上的合力。救生员的头部要始终在水面上，眼睛不能离开溺水者。

图 5-2-4　跨步式入水技术图

2. 蛙腿式入水技术：蛙腿式入水和跨步式入水适用范围相同。目视溺水者，单腿或双腿蹬离池岸，跃起后两腿做蛙泳腿的收腿动作，含胸收腹，两臂侧举，肘部自然弯曲，掌心朝向前下方。入水后，双腿在水中做蛙泳的蹬夹动作，两手臂同时向下抱压水，形成向上的合力。入水后救生员的头部要始终在水面上，眼睛不能离开溺水者。

图 5-2-5　蛙腿式入水技术图

3. 鱼跃浅跳式入水技术：当救生员距离溺水者比较远时，可采用鱼跃浅跳式入水技术。可根据实际情况，选择救生台或者池岸边或在跑动中起跳。起跳时靠腿蹬离池岸，躯干同时用力伸直及两臂由下而上摆动入水，腾空时双臂及两腿伸直。入水要浅，头部尽快出水，眼睛锁定溺水者。

图 5-2-6　鱼跃浅跳式入水技术图

4. 直立式入水技术：当救生员在观察台距离水面较高时，可采用脚先入水的跳水技术。入水时全身与水面保持垂直，脚先入水，一手捏鼻，一手护下腹或护胸。如身穿救生衣，两肘部紧压救生衣，入水后双手及时向下压水，两脚做蛙泳蹬夹动作，尽快浮出水面，眼睛迅速锁定溺水者。

图 5-2-7　直立式入水技术图

（二）接近技术

接近是指救生员及时靠近并有效控制溺水者的一种专门技术。

救生员根据现场情况，可以采用以下接近技术：

1. 背面接近技术：背面接近是救生员最常用的一种接近溺水者的技术。一般情况下，救生员应尽可能地采用该方法。当救生员游到距离溺水者 1~2 米处时急停，靠近溺水者后，用两手从背后托至腋下，将溺水者托出水面。

图 5-2-8 背面接近技术图

2. 侧面接近技术：救生员游至距离溺水者约 3 米处时紧急停下，接着游到溺水者侧面。看准时机后，迅速用右手抓住溺水者靠近自己一侧的手腕，随后将其拉至胸前，再用左手夹住溺水者胸部，或者双手托住其腋下，将溺水者托出水面。

图 5-2-9 侧面接近技术图

3. 正面接近技术：正面接近是指救生员无法进行背后接近和侧面接近的情况下所采取的接近技术。当救生员入水后，快速游至距离溺水者 3 米左右处急停，下潜到溺水者的腰部以下位置，双手扶住溺水者髋部，将溺水者转体 180度，一手托腋，一手夹胸或双手托腋下。

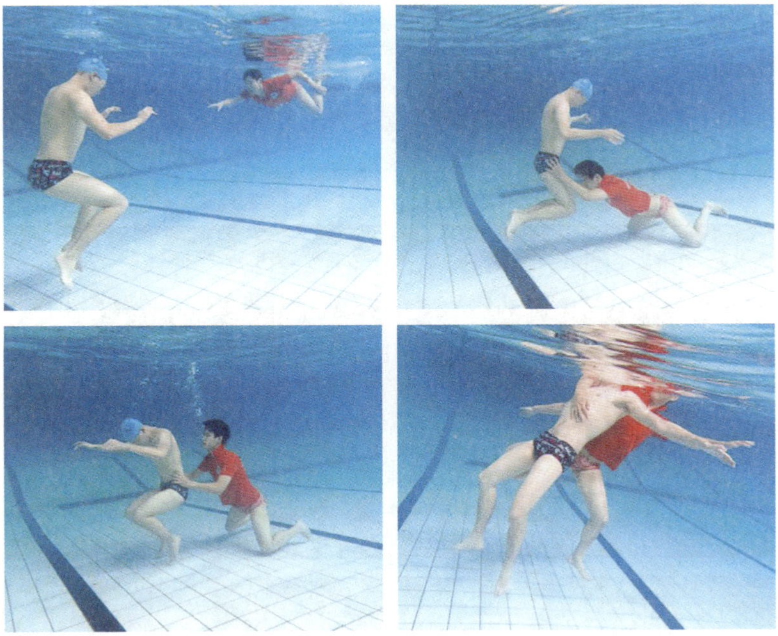

图 5-2-10　正面接近技术图

4. 沉底接近技术：救生员在接近时可直接快速下潜到溺水者身旁，双手托腋，脚蹬离池底，将溺水者托出水面。

图 5-2-11　沉底接近技术图

（三）解脱技术

解脱是指救生员采取合理的技术动作及时解除溺水者的抓抱，并且能有效控制溺水者的一种专门技术。

救生员在施救过程中出现头发被溺水者抓住时，可以采用以下解脱技术：

1. 压腕掰指解脱技术：以救生员头发被溺水者右手抓住为例，救生员用左手用力压住其抓发手手腕，同时低头前顶，将右手手指插入，以掰推其抓发手手指，迫使其抓发手松开。解脱后，救生员要及时拉住其右腕，将其转体至背部贴近自己前胸，从而有效控制溺水者并实施拖带。

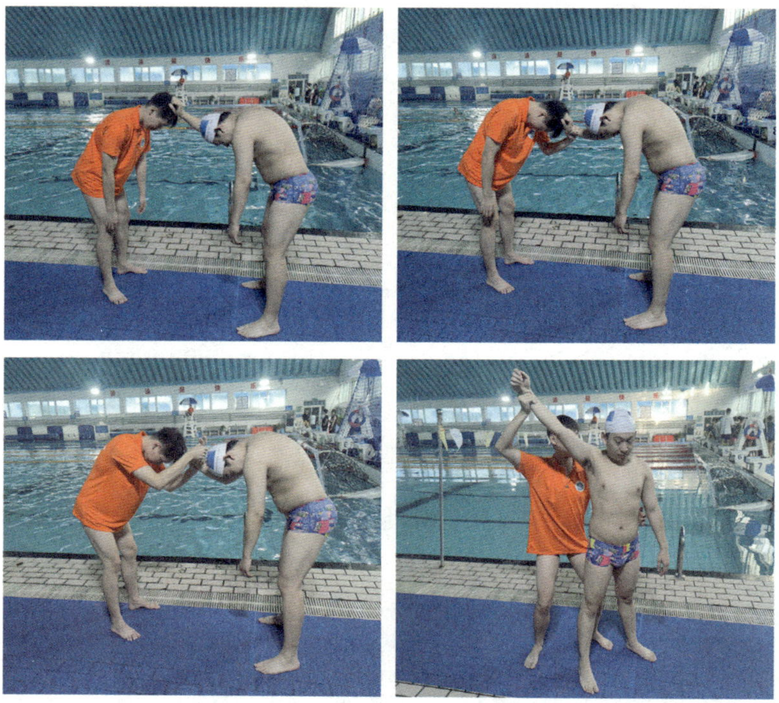

图 5-2-12　压腕掰指解脱技术图

2. 压掌推肘解脱技术：以救生员头发被溺水者右手抓住为例，救生员用右手用力压住其抓发手手腕，同时低头前顶，再用左手用力推击其肘部使其做反关节动作，迫使其抓发手松开。解脱后，救生员要及时用右手拉住其右腕，将其转体至背部贴近自己前胸，从而有效控制溺水者并实施拖带。

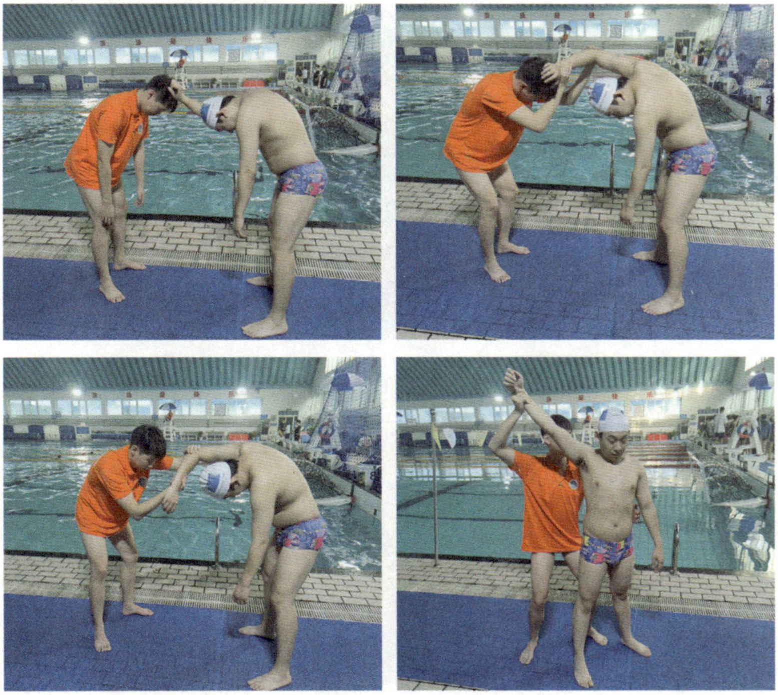

图 5-2-13　压掌推肘解脱技术图

救生员在施救过程中出现颈部被溺水者抱持时，可以采用以下解脱技术：

1. 上推双肘解脱技术：当救生员的颈部被溺水者从正面抱持时应采用此技术。当救生员的颈部被溺水者从正面抱住时，救生员要快速收住下颌，以防止气管被夹住，保证自身安全。然后顺势下沉，双手托住其的双肘关节同时向上推举，将其向一侧推转并顺势抓握住其一只手腕，将其转体至背部贴近自己前胸，从而有效控制溺水者并实试拖带。

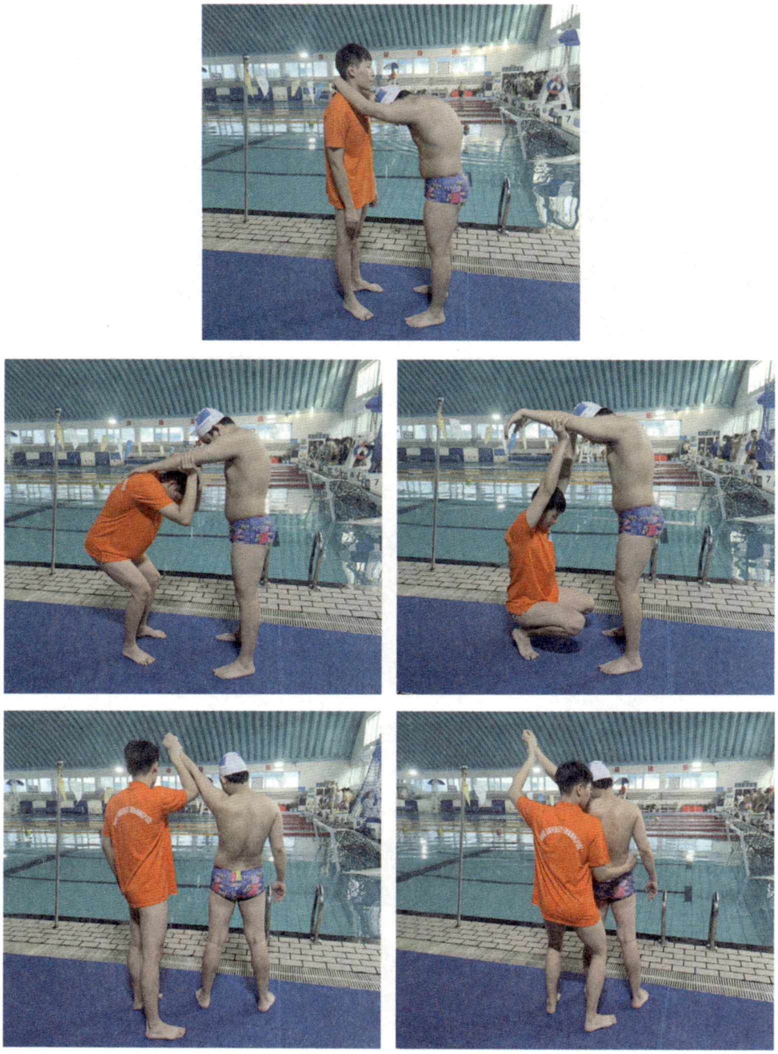

图 5–2–14 上推双肘解脱技术图

2. 压腕上推单肘解脱技术：当救生员颈部被溺水者从背后抱持时应采用此技术。当救生员颈部被溺水者从背后抱持时，救生员要快速收住下颌，以防止气管被夹住，保证自身安全。然后迅速判断其哪只手在上，如其右手在上，救生员用左手压紧其右腕，右手上推其右肘做反关节运动，同时头顺势左转，用右手抓紧其右肘，使其转体至背对自己，从而有效控制溺水者并实施拖带。

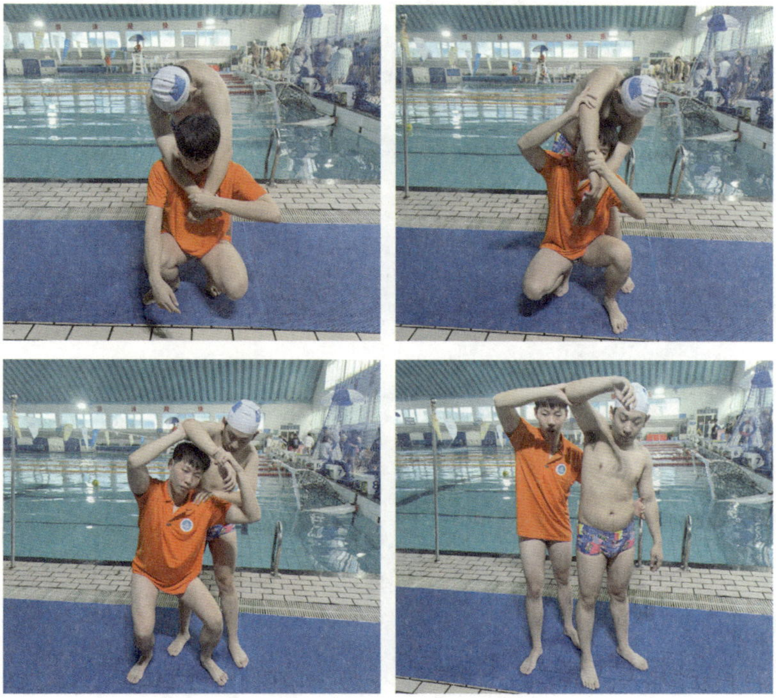

图 5-2-15　压腕上推单肘解脱技术图

救生员在施救过程中出现单手（臂）被溺水者单手抓握、双手抓握，双手（臂）同时被溺水者双手抓握、交叉抓握时，可以采用以下解脱技术：

1. 推击解脱技术：适用于救生员单手（臂）被溺水者同侧手抓握的情况。以救生员左手被溺水者右手抓握住为例，救生员可用右手虎口推击其右腕，推击要迅速、有力。解脱后，救生员应立即紧握其右腕，并及时将其右手向自己右侧拉出，将其转体至背部贴近自己前胸，从而有效控制溺水者并实施拖带。

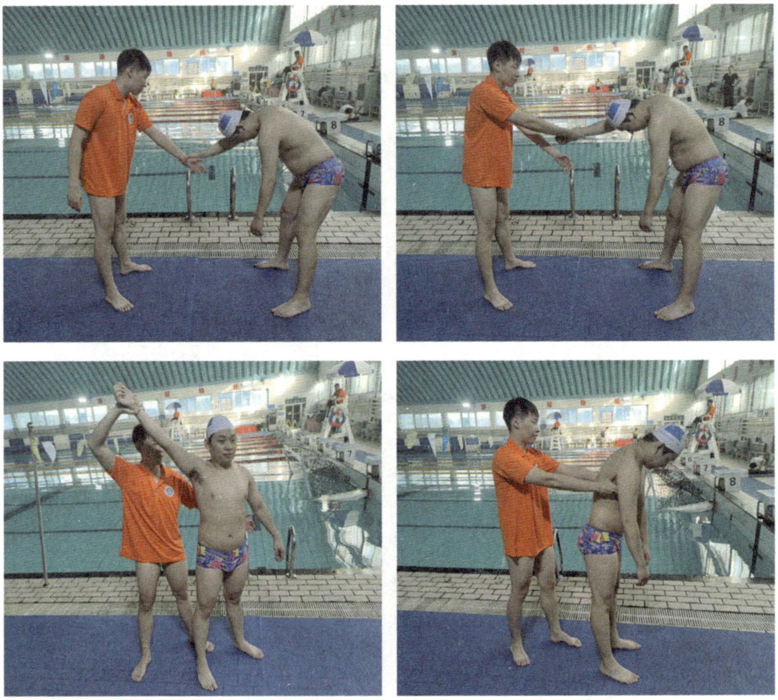

图 5-2-16　推击解脱技术图

2. 转腕解脱技术：适用于救生员单手（臂）被溺水者异侧手抓握的情况。以救生员右手被溺水者右手抓住为例，救生员先将被抓右手上提，而后做转腕外翻下压动作，迅速用右手抓住溺水者右腕并向自己右侧拉出，将其转体至背部贴近自己前胸，从而有效控制溺水者并实施拖带。

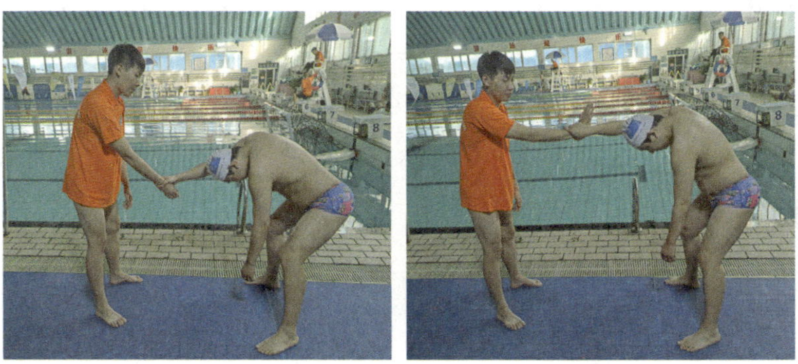

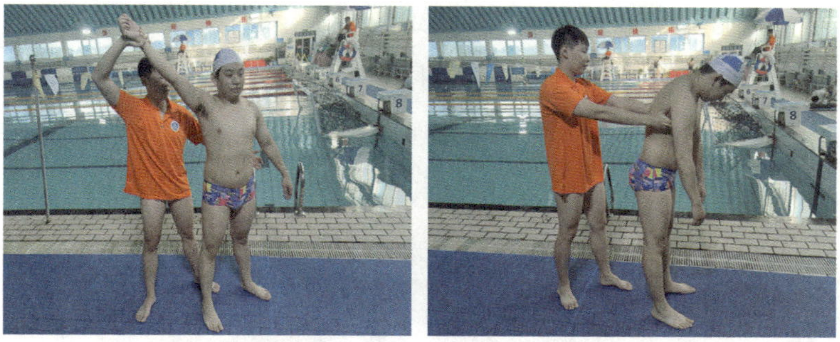

图 5-2-17　转腕解脱技术图

单手（臂）被溺水者双手抓握时又可分为同侧手在上和异侧手在上两种情况。

1. 同侧手在上解脱技术：以救生员右臂被溺水者双手同时抓握时（左手在上，右手在下）为例，救生员可左手虎口向下，用力推击溺水者左腕，迫使其松开左手，救生员要紧握其左腕，同时上身前倾，用左肘回击其右腕，从而使其双手全部松开。而后趁势将其左手向自己左侧拉出，使其转体至背部贴近自己前胸，从而有效控制溺水者并实施拖带。

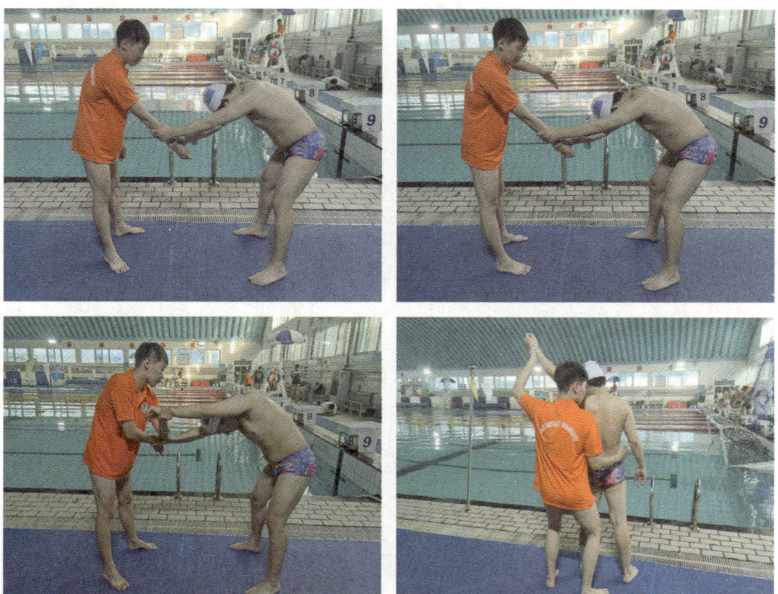

图 5-2-18　同侧手在上解脱技术图

2. 异侧手在上解脱技术：以当救生员右臂被溺水者双手同时抓握时（右手在上，左手在下）为例，救生员可先用左肘撞击溺水者右腕，而后用左手虎口快速用力推击其左腕，顺势握住其左腕，并趁势将其左手向自己左侧拉出，使其转体至背部贴近自己前胸，从而有效控制溺水者并实施拖带。

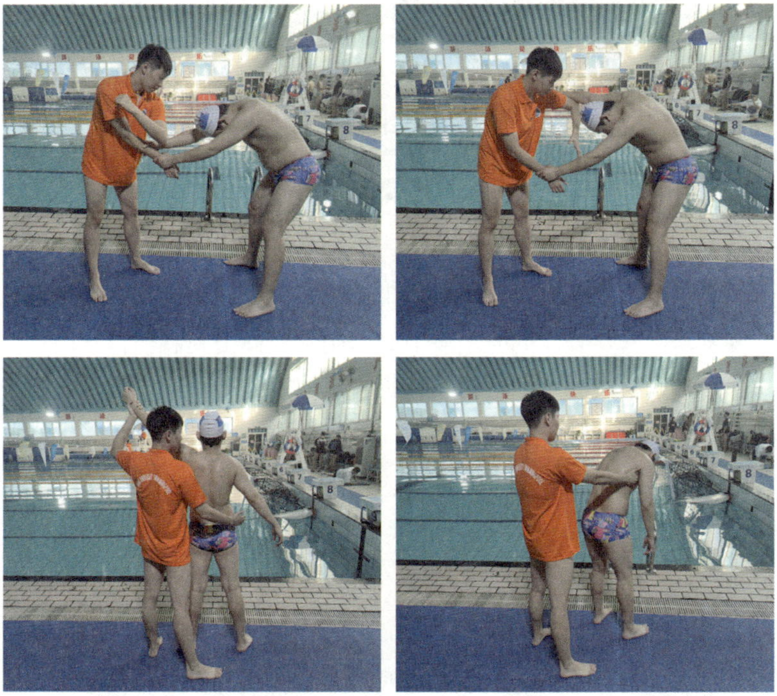

图 5-2-19　异侧手在上解脱技术图

当救生员双手（臂）同时被溺水者双手抓握时，可采用双手转腕技术进行解脱。

救生员迅速上提溺水者双臂，上提后救生员做双手外旋转腕下压动作，抓住溺水者手腕后，放开其左侧手臂，同时拉其右侧手臂，将其拉转至自己右侧，使其背部贴近自己，从而有效控制溺水者并实施拖带。

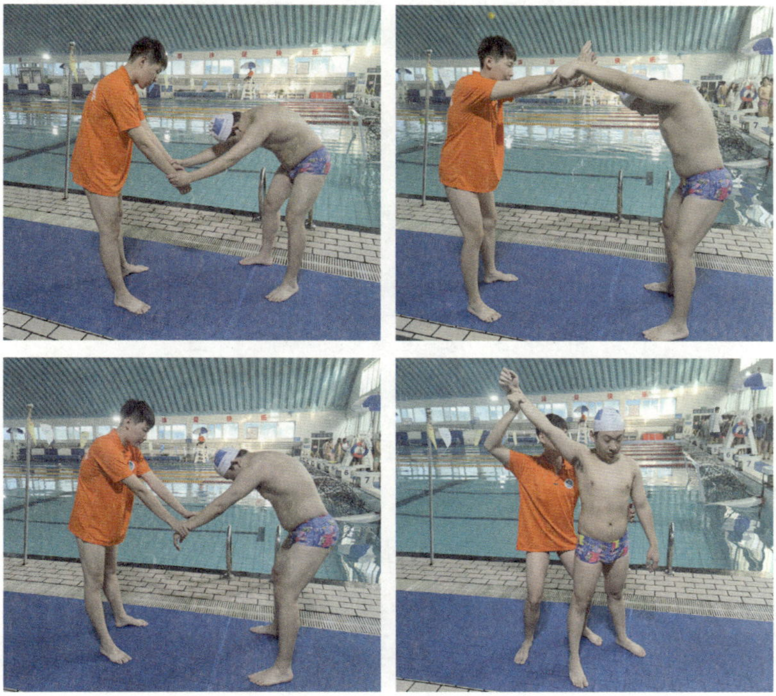

图 5-2-20　双手同时被抓握解脱技术图

当救生员双手（臂）被溺水者交叉抓握时，以救生员右臂在上被抓为例，救生员可用右肘撞击溺水者左腕，从而使自己的左手得到解脱，随后右手做转腕下压动作进行解脱，并顺势拉住溺水者右腕向自己右侧拉出，使其转体至背对自己，从而有效控制溺水者并实施拖带。

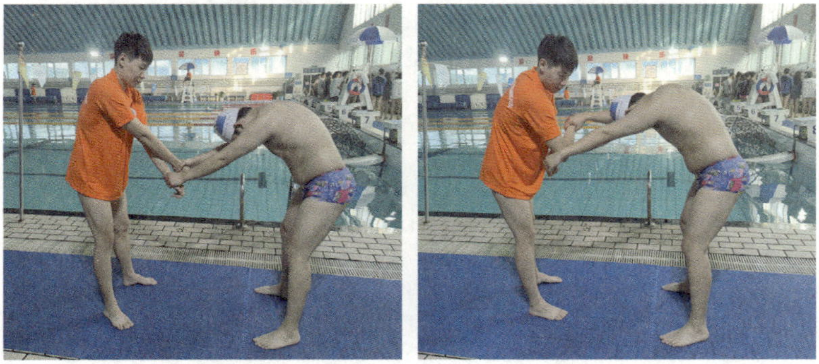

图 5-2-21 双手被交叉抓握解脱技术图

救生员在施救过程中出现腰部被溺水者抱持时，可以采用以下解脱技术：

1. 夹鼻推颌解脱技术：当救生员腰部正面被抱持时，可用此技术进行解脱。

救生员首先确认溺水者面部的朝向，随后弓身收腹，将臀部向后顶起，双臂向内旋转，迅速抽出一只手，捏住溺水者鼻子，盖住其嘴巴，托住其下颌，使溺水者头部向后仰。另一只手抱住溺水者的腰部并用力拉压，迫使其松开手，接着将其转身，让溺水者的背部贴近自己的前胸，从而实现对溺水者的控制并实施拖带。

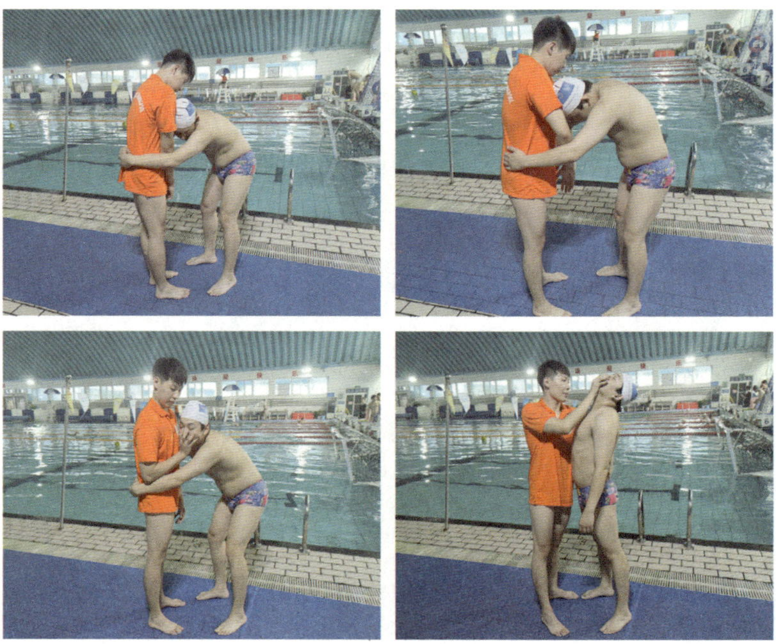

图 5-2-22　夹鼻推颌解脱技术图

2. 扳指解脱和弓身抽手扳指解脱技术：当救生员被溺水者从背后抱持腰部时，可采用这两种技术进行解脱。

当溺水者双手手指交叉，从背后锁住救生员时，可采用扳指解脱技术。救生员先扳开溺水者一只手的手指，迫使该手松开，并用力使其外展。同时，扳开另一只手的手指并用力外展，使溺水者两臂呈侧平举。此时，救生员需向右下方下沉，两手向前牵拉，从溺水者右腋下方移至自己背后。然后，右手向右拖带溺水者，紧接着左手夹胸，从而有效控制溺水者并实施拖带。

图 5-2-23 扳指解脱技术图

当救生员双臂肘关节以下和躯干同时被溺水者从背后抱持时，一般采用弓身抽手扳指解脱技术。救生员应先低头判断溺水者哪只手在上，以溺水者右手在上为例，救生员要弓身含胸收腹，臀部后顶，两臂内旋，趁机抽出两手，扳其手指进行解脱，从而有效控制溺水者并实施拖带。

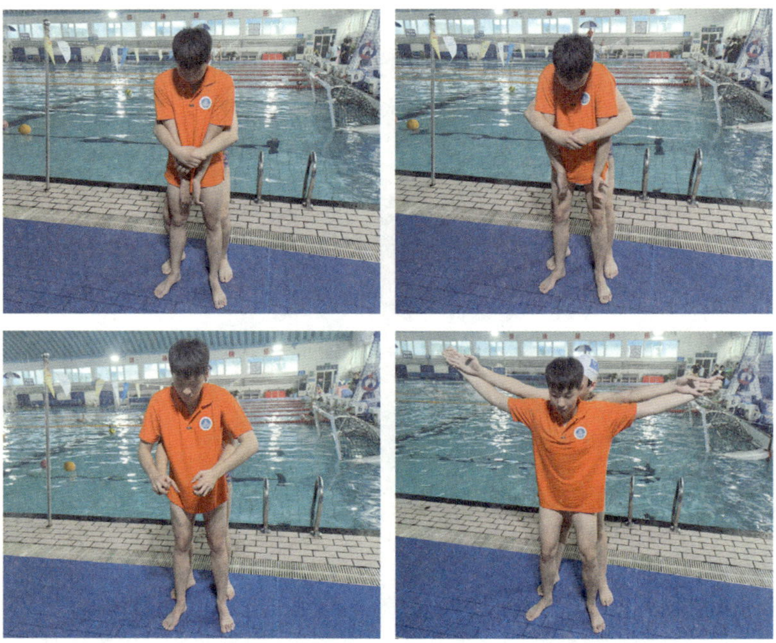

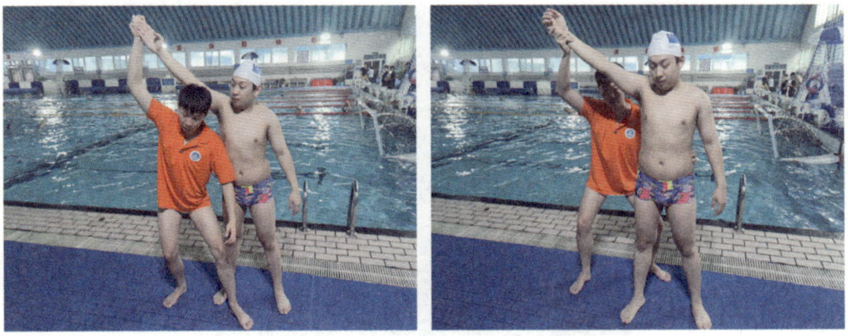

图 5-2-24　弓身抽手扳指解脱技术图

救生员在施救过程中出现双腿被溺水者抱持时，可采用夹鼻推颌解脱技术进行解脱。

救生员应低头判断溺水者脸部的朝向，弓身收腿含胸，臀部后顶。用一手食指和中指紧夹溺水者鼻，掌心要盖住其嘴，同时用掌根部托住其下颌用力推出，迫使其头部后仰。另一手紧抱其后颈部，用力向自己方向压，迫使其松开双手。解脱后及时将其转体至背部贴近自己前胸，从而有效控制溺水者并实施拖带。

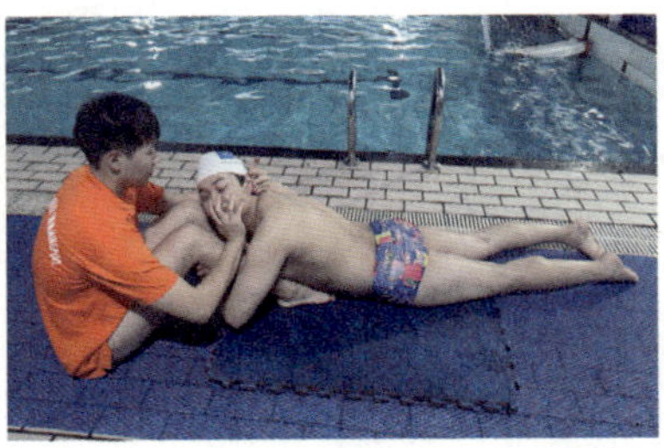

图 5-2-25　夹鼻推颌解脱技术图

救生员在施救过程中出现被双人抱持时，可以采用以下解脱技术：

1. 夹胸蹬离解脱技术：救生员需先判断两人中谁是溺水者，随后用一只手从溺水者肩部上方穿过前胸，插入其另一侧腋下进行夹胸。同时，用一只脚紧贴被抱持者胸部，用力蹬离，避免被抱持者受伤。当两人的肩部脱离后，再抬起与夹胸手同侧的一只脚，紧贴被抱持者胸部，将被抱持者蹬离以实现解脱。

2. 托双腋蹬离解脱技术：救生员需要先判断两人中谁是溺水者，接着双手从背后插入溺水者双侧腋下，抬起一脚紧紧贴靠在被抱持者胸部，再用柔和的力量将被抱持者蹬开以实现解脱。

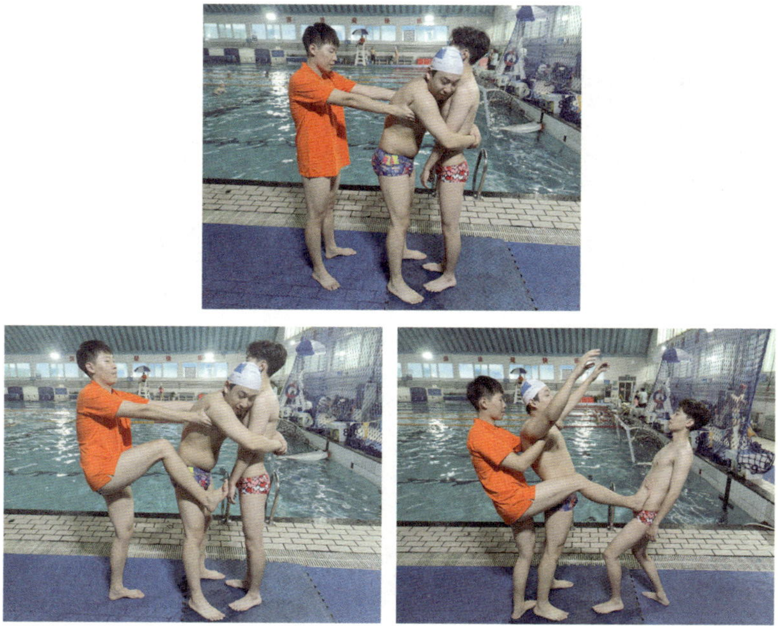

图 5-2-26　托双腋蹬离解脱技术图

（四）拖带技术

拖带是指救生员在水中采用侧泳和反蛙泳等各种不同的游泳技术，将溺水者拖带到池边的一种专门技术。

救生员根据现场情况，可以采用以下拖带技术：

1. 托腋拖带技术：托腋拖带技术是较常用的一种拖带技术，比较省力，易于控制溺水者。救生员双手托住溺水者的双腋下，用反蛙泳腿技术进行拖带。

图 5-2-27　托腋拖带技术图

2. 夹胸拖带技术：夹胸拖带技术适用于身材高大的救生员拖带矮小的溺水者。

以右臂为例，救生员右臂由溺水者的右肩上穿过，上臂和肘紧贴其胸部，右腋紧贴其右肩，右手抄于其左腋下，并以此为拖带的用力点。在运送过程中，救生员可用右髋顶住其腰背部，使其头部始终保持在水面上，身体位置保持水平，便于拖带。救生员可以根据自己的技术特长，采用蛙泳腿或侧泳腿技术游进。

图 5-2-28 夹胸拖带技术图

3. 托枕拖带技术：托枕拖带技术不适用于疑似颈部受伤者。救生员用左（右）手托住溺水者的后脑（枕部），并紧紧握住枕部两侧，运用侧泳或反蛙泳技术向前游进。

图 5-2-29 托枕拖带技术图

4. 托颌拖带技术：托颌拖带技术是指救生员双手托住溺水者下颌骨两侧，使其嘴、鼻始终保持在水面上，用反蛙泳技术游进，注意不要压住其气道。

图 5-2-30 托颌拖带技术图

5. 双人拖带技术：双人拖带技术是指两名救生员分别用靠近溺水者一侧的手臂拖住其腋下，用侧泳技术对溺水者拖带施救。

图 5-2-31 双人拖带技术图

（五）上岸技术

上岸是指救生员将溺水者从水中送上池岸的一种专门技术。由于泳池建筑结构和溺水者的受伤情况不同，上岸技术也有区别。

救生员根据现场情况，可以采用以下上岸技术：

1. 单人上岸技术：在泳池深水区，一般采用单人上岸技术把溺水者拖带至池边。以左手到边为例，救生员将溺水者拖带至池边，先用左手抓池边定位，再将其移至池边。救生员用右手将其左手压在池边，然后左手移压在其左手背上，腾出右手。救生员用右手抓住其右手，移至与其左手重叠，并将其双手紧压在池边，左手抓攀池边，在其左侧上岸。救生员上岸后，右手不能离开溺水者重叠的双手，之后右转面对溺水者，然后用左手紧握溺水者左腕，右手抓握溺水者右腕。救生员紧握溺水者手腕向上稍提，使其转体180度背对池边。救生员双脚开立，双手先将溺水者向上预提一下（利用水的浮力），然后用力将其上提，使其臀部高于池面后移至池岸。救生员右手紧握溺水者右手并上提，防止其倒下，腾出左手托其颈部或腋下，将其放平呈仰卧姿势。

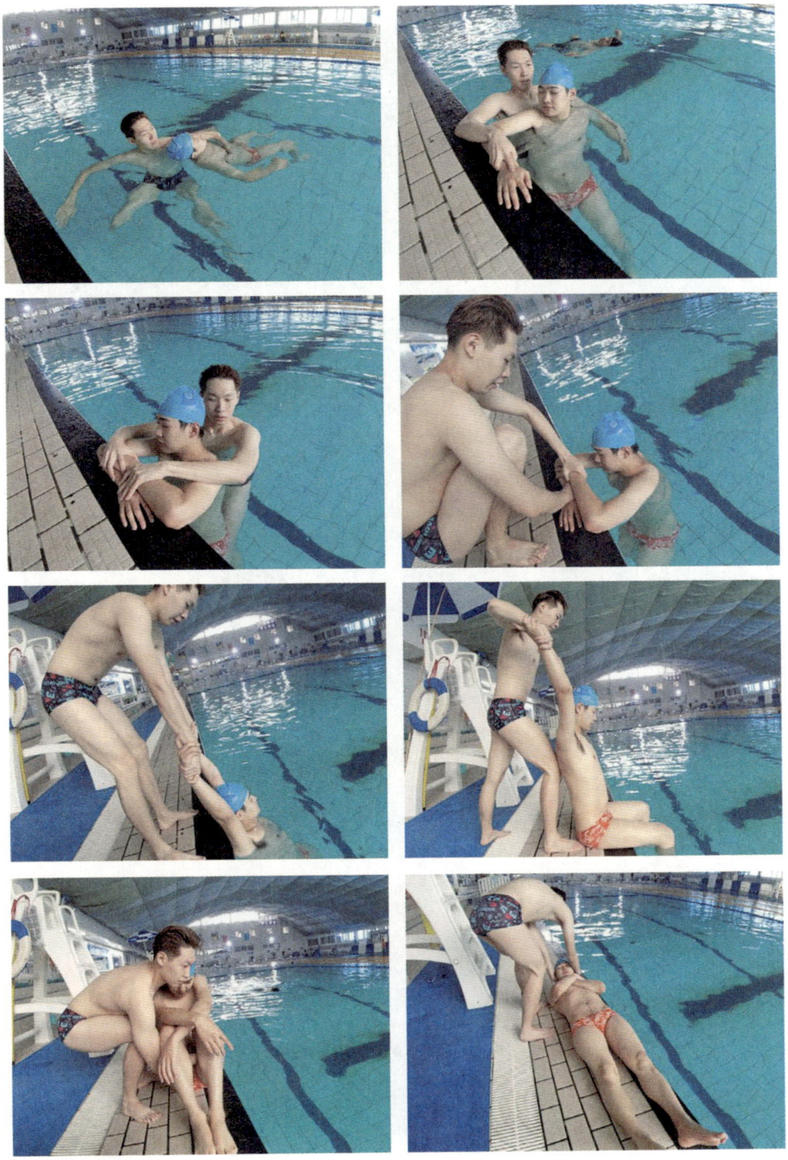

图 5-2-32　单人上岸技术图

2. 双人上岸技术：水中的救生员将溺水者拖带至池边后，夹着溺水者胸部的右手顺着其左臂，将溺水者紧闭的双手交接给在池岸上接应的救生员，接应的救生员用左手反握住溺水者的左腕。水中的救生员握住溺水者的右手并将其前臂上举，池岸上接应的救生员则用右手抓握住溺水者，使其背对池岸。接应的救生员将溺水者向上预提，放下后再用力上提，水中的救生员可协助上托，帮助溺水者上岸，将其放平呈仰卧姿势。

图 5-2-33 双人上岸技术图

（六）运送技术

运送是指救生员将溺水者送至现场急救室或邻近医院的一种专门技术。

运送主要采用以下步骤：

（1）救生员在溺水者身体左侧，右臂托举溺水者颈背部，将其上身扶起。

（2）救生员将右脚放置于溺水者两腿之间，面对溺水者。左手从溺水者右脚下穿至其背后，右手从其左腋下穿过至其背后，与左手手指交叉锁紧，双臂夹住溺水者。

（3）救生员两臂用力将溺水者托起，左脚后退一步成弓步，将其抱坐于右大腿上。

（4）救生员右臂在溺水者的背部用力，使其贴靠在自己胸前，腾出左手紧握其右腕，然后头部由其右腋下钻过，以颈部将其挂靠保护，腾出右手。

（5）救生员降低重心以右手插入溺水者两腿间，向上搂抱，左手顺势左拉，使其俯卧在自己的肩背上。

（6）救生员用右手将溺水者右腿紧夹在右胸前，右手紧抓其右上臂，左手扶撑在自己左膝，用力站直，然后左手后上举，保护其头部，防止在运送过程中与障碍物、墙边等发生碰撞。

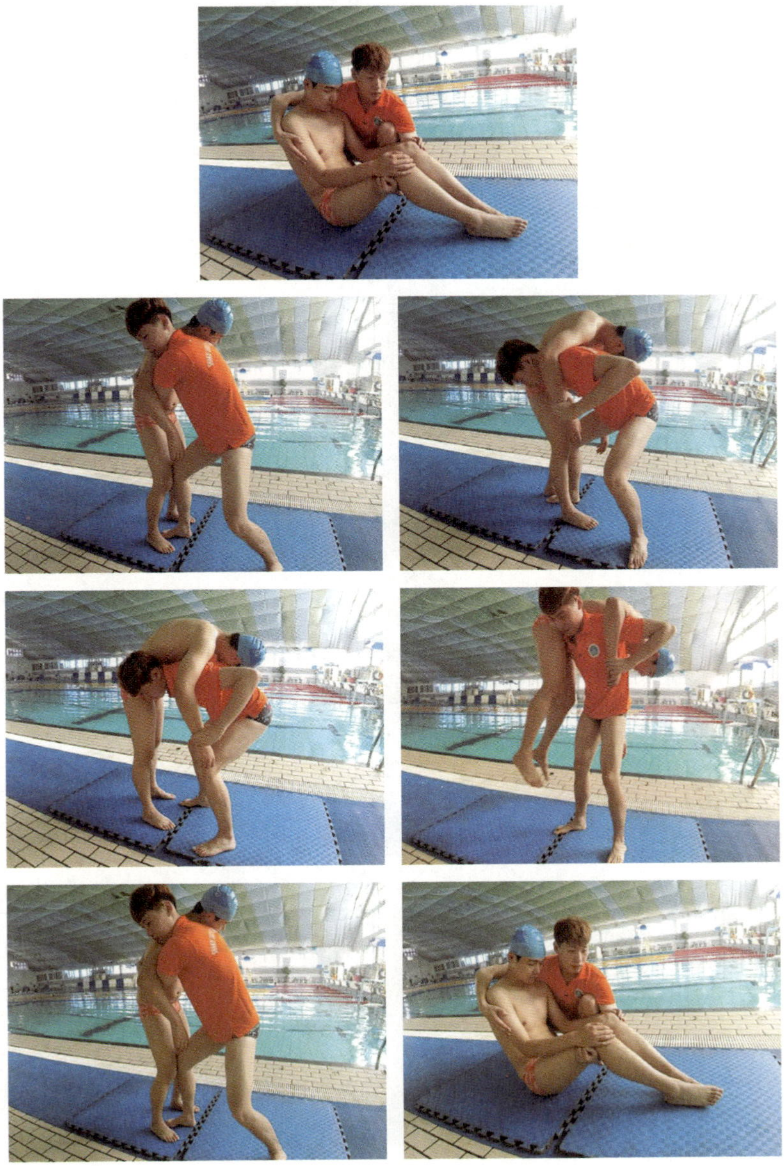

图 5-2-34　运送技术图

第三节 心肺复苏

心肺复苏是心脏、呼吸骤停时所采用的抢救措施，即帮助溺水者恢复自主呼吸和血液循环。

现代心肺复苏的完整程序包括：一是基础生命支持，包括识别心搏骤停、呼叫急救系统、尽早开始心肺复苏、迅速除颤。其主要目的是让心搏骤停患者恢复氧供应，使其不至于发展为不可逆损伤。二是高级血管生命支持，在基础生命支持的基础上应用辅助设备及特殊技术让患者恢复并保持自主呼吸及心跳。三是延续生命支持，重点是脑保护、脑复苏及其他复苏后疾病的防治。高级血管生命支持和延续生命支持是在基础生命支持的基础上由专业急救人员、医护人员应用急救器材和药品所实施的一系列复苏措施，以维持患者正常的血液循环和通气循环，而基础生命支持是心肺复苏的基础程序，是复苏的关键，非专业医护人员也可进行施救，适用于多种场合，本节主要介绍基础生命支持的具体操作步骤。

小知识

成功的心肺复苏需要一套协调的措施，组成彼此紧扣的生命链：立即识别心搏骤停启动应急反应系统；尽早进行高质量心肺复苏，着重于胸外按压；快速除颤；有效的高级心肺复苏生命支持；心搏骤停后的综合优化治疗。

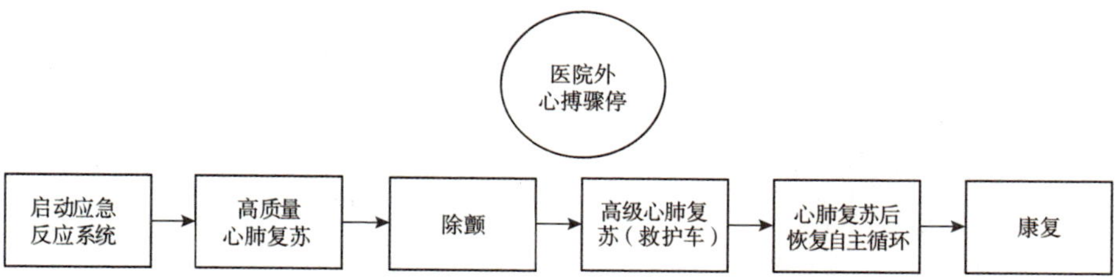

图 5-3-1 生命链图

一、呼吸和心搏骤停的判断标准

一是意识丧失，面色苍白或发绀；二是大动脉搏动停止、心音消失；三是呼吸停止，瞳孔散大；四是部分溺水者无呼吸或濒死叹息样呼吸。

特别注意：心搏骤停的判断时间不可超过 10 秒。

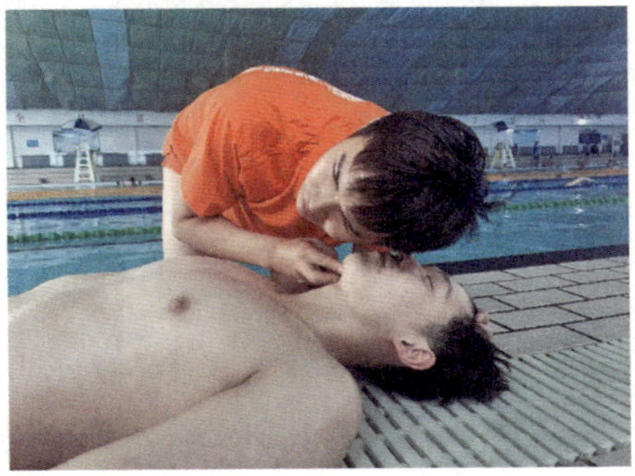

图 5-3-2 判断有无意识图

二、基础生命支持心肺复苏技术

基础生命支持心肺复苏操作包括胸外按压、开放气道、人工呼吸 3 个步骤。救生员将溺水者施救上岸后，如果判定其呼吸和心搏骤停，则需将其仰卧放在坚固的平面上，且头部不能高于心脏位置。救生员应站立或跪于其右侧胸部位置。恢复到心搏骤停前的生活质量和功能状态是心肺复苏的最高目标。高质量的心肺复苏要求适度的按压频率和按压深度，即胸廓充分回弹，按压中断时间越短越好，避免过度通气。

三、胸外按压

胸外按压通过间接压迫左右心室腔，被动地将心室内血液泵出，使血液流入主动脉和肺动脉，建立大小循环，为心脏自主跳动创造条件。

（一）确定按压部位

按压部位是胸部中央，即胸廓前后径的 1/2 处。寻找两乳头连线的中点，将一手掌根置于患者胸部正中，另一手与下面的手十指交叉重叠压在手背上，双手十指应翘起。

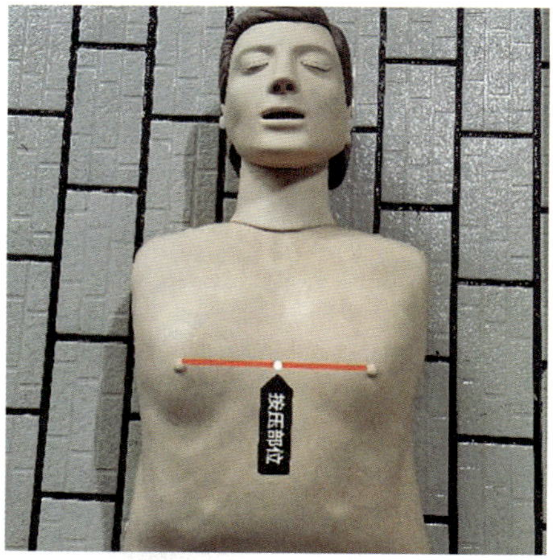

图 5-3-3 心肺复苏按压部位示意图

（二）按压方式

救生员应将双臂肘关节绷直，上肢呈直线，双肩垂直于手的正上方，利用上半身的力量向下垂直按压，肘关节不能弯曲。按压深度为 5~6 厘米，按压频率为 100~120 次 / 分，按压和人工呼吸比例为 30 : 2。按压时应带有节奏，保证每次按压后胸廓充分回弹，用力均匀，减少按压中断，尽可能将每次中断控制在 10 秒以内。

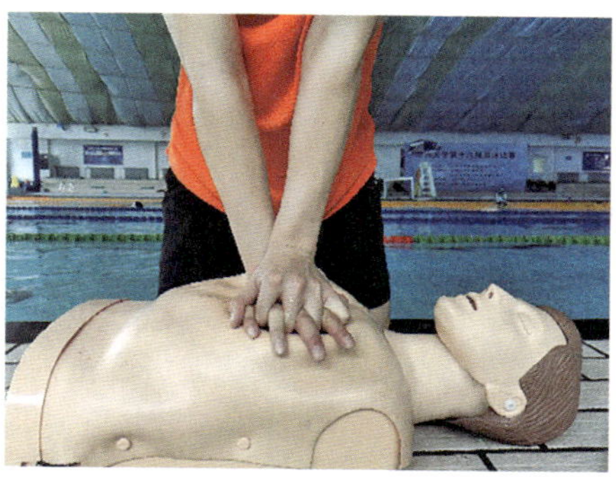

图 5-3-4 胸外按压示范图

注意事项：胸外按压如操作不标准，会导致并发症的发生。

（1）按压部位不正确：向下错位时，受压部位为剑突，可能导致剑突受压折断，肝脏受冲击破裂，或胃部受压引起呕吐。

定位向两旁偏移，或按压时手指未翘起，容易导致肋骨骨折及连枷胸，进而引发气胸、血胸。

（2）按压力量不足：按压时若肘部弯曲，可能会使按压力量不足，按压深度无法达到 5 厘米，进而造成做功无效。

（3）按压方式不当：冲击式按压、猛烈按压，以及在按压放松时抬手离开胸骨定位点，会导致下次按压部位出现偏差等情况，均可能引发骨折。

（4）按压频率不当：按压速度过快或过慢，同时将两手交叉放置，都会对按压效果产生影响。

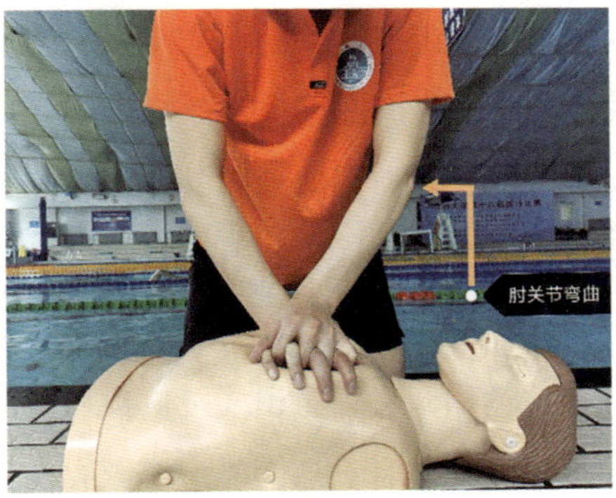

图 5-3-5　错误的胸外按压方式图

四、开放气道

开放气道是进行人工呼吸时必不可少的一个步骤。对于心跳停止、呼吸停止、失去意识的溺水者来说，其肌肉是松弛的，因此舌根后坠，气道阻塞是很常见的情况，这就是为什么一定要在人工呼吸前做开放气道的原因。

小知识

对于有脉搏而无呼吸的溺水者，应先开放气道进行人工呼吸，后胸外按压。

1. 仰头抬颌法：救生员一手放于溺水者前额，用手掌将额头用力向后推，使头部后仰，气道打开；另一只的食指和中指抬起溺水者的下颌，解除气道梗阻。

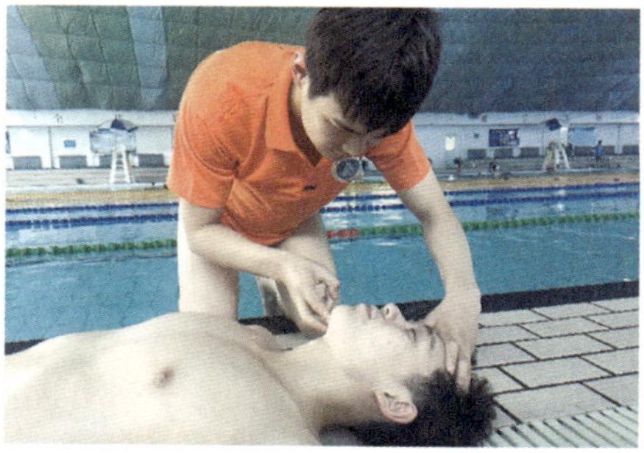

图 5-3-6 仰头抬颌法示意图

注意事项：怀疑颈部损伤时，不可使用此方法，容易造成二次伤害。

（1）不应使用拇指抬颌。

（2）不应按压颌部下方的软组织，以免压迫气道。

（3）抬颌时应注意不能将患者唇部完全闭合。

（4）双人以上心肺复苏时，若使用球囊面罩进行通气，可使用 E–C 手法（即中指、无名指、小指构成 E 形钩住下颌，打开气道；拇指、食指，构成 C 形固定呼吸面罩）仰头抬颌。

2. 双手托颌法：此方法适用于失去意识或疑似颈部损伤的溺水者。救生员应以双肘作为支撑，双手放置在溺水者头部两侧，拇指放在其嘴角或下唇部位，其余手指紧紧握住其下颌角处，随后双手向上抬举，使溺水者的下颌向前上方移位，从而开放气道。若溺水者唇部紧闭，救生员需用拇指将其分开。

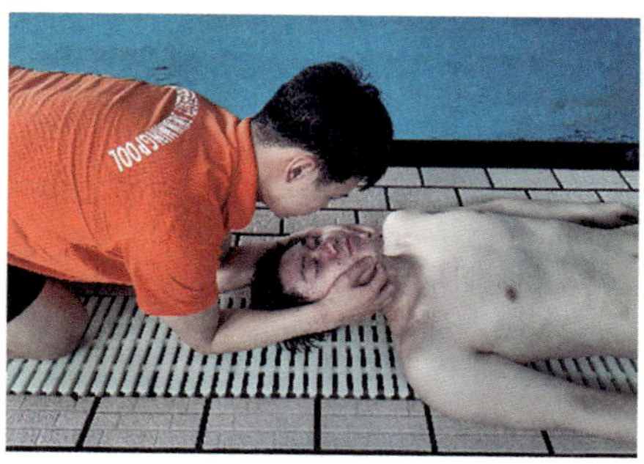

图 5-3-7 双手托颌法示意图

注意事项：因需要优先考虑气道通畅，若双手托颌无法打开气道或通气效果不好时，应使用仰头抬颌法开放气道。

五、人工呼吸

人工呼吸是借助人工方法来维持机体的气体交换。救生员徒手或利用辅助设备将氧气有节律地吹入溺水者肺内，利用胸廓的弹性回缩力排出体内的二氧化碳，改善溺水者的缺氧状态，使其恢复自主呼吸。人工呼吸的方法有：嘴对嘴人工呼吸、嘴对鼻人工呼吸、嘴对嘴鼻人工呼吸、嘴对面罩人工呼吸和球囊面罩人工呼吸。

1. 嘴对嘴人工呼吸：救生员将溺水者置于仰卧位，清理口腔异物，一手紧捏其鼻孔避免漏气，另一手托起其下颌使头后仰。救生员深吸气后，用嘴唇将溺水者嘴唇全部包住呈密封状，缓慢吹气持续 1 秒以上，并观察胸部扩张。吹气频率为 10~12 次 / 分，若同时进行胸外按压，按压和人工呼吸比例为 30:2。为了防止过度通气，应避免快速有力的吹气。

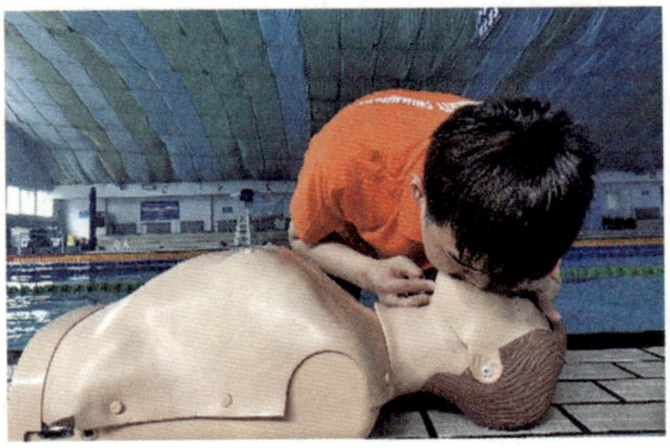

图 5-3-8　嘴对嘴人工呼吸示意图

2. 嘴对鼻人工呼吸：如有牙关紧闭、嘴对嘴密封困难等情况，救生员可将溺水者头后仰，用手托住其下颌使其嘴唇紧闭，用嘴封罩住其鼻部，使之呈密闭状态，然后缓慢向鼻内吹气，吹气时间与频率同嘴对嘴人工呼吸相同。

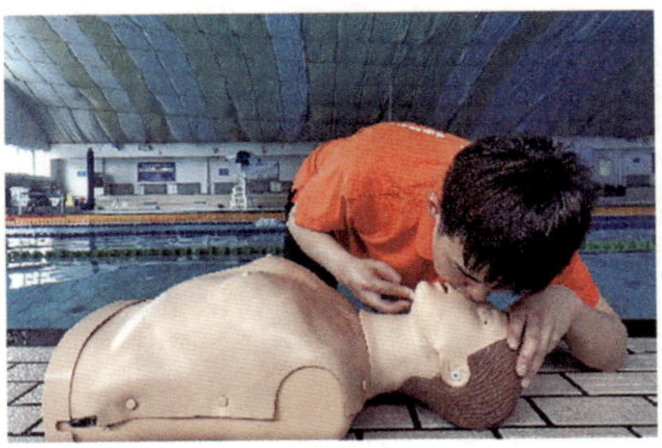

图 5-3-9　嘴对鼻人工呼吸示意图

3. 嘴对嘴鼻人工呼吸：适用于婴幼儿，方法与嘴对嘴人工呼吸相同。

4. 嘴对面罩人工呼吸：面罩透明并有单向阀门，使用面罩时，应选择适合于溺水者面部大小的型号，并密切观察胃的反流物。通气时救生员将面罩紧贴于溺水者面部，用双手拇指与食指围绕面罩边缘向面部方向施压以形成完整的密闭，其余手指下压前额并推举下颌角使其头部后仰（疑有颈椎损伤的溺水者禁止仰头伸颈）以开放气道。吸气后，救生员嘴含面罩嘴向溺水者吹气。

5. 球囊面罩人工呼吸：球囊具有自复性。成人球囊容积为 2 升，儿童球囊为 0.5~1 升。球囊的使用方法与嘴对面罩人工呼吸相同，但操作时，应使用右手挤压球囊，将气体送入肺中，然后松开球囊，使球囊恢复原形。单人使用此装置，易出现漏气的现象，双人使用心肺复苏效果更好。

六、儿童与婴儿心肺复苏操作步骤

在心肺复苏中，1 岁以内的溺水者归为婴儿，2~8 岁的溺水者归为儿童，对他们的操作步骤与成人的心肺复苏操作步骤基本相同，但有以下几点特殊之处：

（一）判断意识

在判断意识时婴儿无法做出言语反馈，因此要拍打婴儿足底查看是否哭泣，如哭泣则有意识。

（二）人工呼吸

婴儿在进行人工呼吸时头部肌肉松弛，因此要采用仰头抬颌法打开气道，以嘴对嘴鼻人工呼吸为主。

（三）检查脉搏

婴儿因颈部肥胖，颈动脉不易找到，救生员可将大拇指放在婴儿上臂外侧，食指和中指轻压内侧即可感觉到脉搏。

（四）胸外按压定位

婴儿胸外按压采用环抱法，将双手拇指重叠轻轻下压 4 厘米。

表 5–3–1 青年、成人、孕妇和儿童及婴儿心肺复苏方式表

<table>
<tr><th colspan="2">类别</th><th>青年、成人、孕妇</th><th>儿童
（2~8 岁）</th><th>婴儿
（1 岁以内）</th></tr>
<tr><td colspan="2">判断意识</td><td colspan="2">轻拍双肩、呼喊</td><td>拍打足底</td></tr>
<tr><td colspan="2">检查呼吸</td><td>确认没有呼吸或没有正常呼吸（叹息样呼吸）</td><td colspan="2">没有呼吸或叹息样呼吸</td></tr>
<tr><td colspan="2">检查脉搏</td><td colspan="2">检查颈动脉（检查时间不超过 10 秒）</td><td>检查肱动脉</td></tr>
<tr><td rowspan="7">胸外按压</td><td>心肺复苏步骤</td><td colspan="3">胸外按压→开放气道→人工呼吸</td></tr>
<tr><td>按压部位</td><td>胸部正中乳头连线水平（胸骨下 1/2 处）</td><td>胸骨中下 1/3 交界处</td><td>胸部正中乳头连线下方处</td></tr>
<tr><td>按压方法</td><td>双手掌根重叠</td><td>一只手掌根</td><td>环抱法</td></tr>
<tr><td>按压深度</td><td>5 ~ 6 厘米</td><td>5 厘米</td><td>4 厘米</td></tr>
<tr><td>按压频率</td><td colspan="3">因缺乏足够的儿科证据，故对婴儿和儿童也采用成人的建议胸部按压速率，即 100 ~ 120 次 / 分</td></tr>
<tr><td>胸廓反弹</td><td colspan="3">每次按压后即完全放松，使胸廓壁充分恢复原状，使血液回流</td></tr>
<tr><td>按压中断</td><td colspan="3">尽量避免中断胸外按压，应把每次中断的时间控制在 10 秒以内</td></tr>
<tr><td rowspan="4">人工呼吸</td><td>开放气道</td><td>头后仰呈 90度</td><td>头后仰呈 60度</td><td>头后仰呈 30度</td></tr>
<tr><td>吹气方式</td><td colspan="2">嘴对嘴或嘴对鼻</td><td>嘴对嘴鼻</td></tr>
<tr><td>吹气量</td><td colspan="3">胸廓略隆起</td></tr>
<tr><td>通气时间</td><td colspan="3">1 秒</td></tr>
<tr><td colspan="2">按压吹气比</td><td colspan="2">30 : 2</td><td>30 : 2</td></tr>
</table>

七、除颤

心搏骤停中最常见的心律失常是室颤（VF）或无脉性室速（VT），早期电除颤对心搏骤停患者的救治至关重要，复苏时应结合除颤技术进行救治。

（一）自动体外除颤

自动体外除颤仪作为心肺复苏医疗设备，缩短了心搏骤停除颤所需时间，但不能孤立地依赖自动体外除颤仪，应与心肺复苏结合操作。即使第一次自动体外除颤仪除颤失败，心肺复苏也有助于延长电除颤的时间窗。体外电击除颤已经成为心肺复苏主要的技术之一。

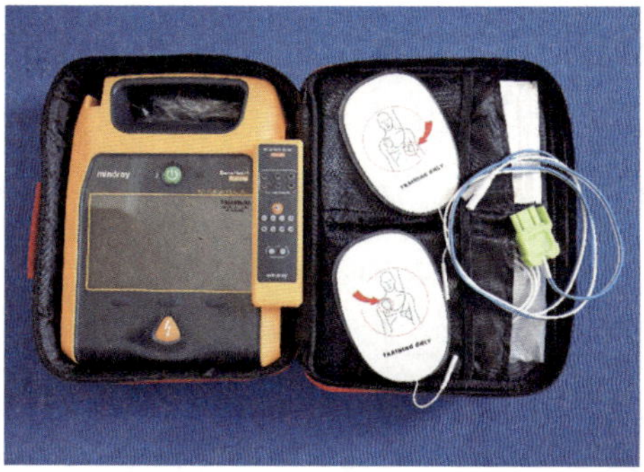

图 5-3-10 自动体外除颤仪图

操作方法：

（1）开启自动体外除颤仪，打开盖板，根据语音提示进行操作（部分型号需要先按下电源）。

（2）给溺水者接上电极，根据电极贴或机壳上图案提示，在患者胸部适当位置贴上电极片，通常两块电极板分别贴于右胸锁骨下方和左胸乳头外侧。

（3）按下自动体外除颤仪面板上“分析”键，自动体外除颤仪开始自动分析心律（注意此时任何人不要接触溺水者，以避免干扰）。

（4）分析完毕后，自动体外除颤仪将会通过语音自动发出是否需要除颤的建议。

（5）当有除颤指征时，操作者确认无人接触溺水者后，按下“除颤”键完成1次放电。

（6）1次电击除颤后不检查心律，立即进行心肺复苏，5组心肺复苏（2~3分钟）后再检查心律。若在5组心肺复苏期间溺水者恢复意识或者出现意识反应（如呻吟），应停止按压，进行生命体征的再评估。

（二）徒手除颤

徒手除颤采用胸前锤击方法，即单手握拳，拳眼向上，用小鱼际侧方在溺水者胸部正中胸骨下1/3交界处用力锤击胸壁，锤击高度为20~30厘米。

八、基础生命支持心肺复苏操作步骤

（1）评估现场环境是否安全。

（2）尽快判断溺水者是否有意识。

（3）请求他人帮助拨打 120，并尽快拿取自动体外除颤仪。

（4）检查是否有脉搏。

（5）如无脉搏，应立即打开气道实施 30 次胸外按压与 2 次人工呼吸。

（6）自动体外除颤仪到达现场马上开始按照语音提示操作，注意除颤过程中禁止触碰溺水者，防止触电。

（7）如有多名救生员在现场，应每 2 分钟进行轮换，保证按压质量，直到医护人员到达现场。

小知识

2020 年《AHA 心肺复苏与心血管急救指南》中建议的成人基础生命支持流程图。

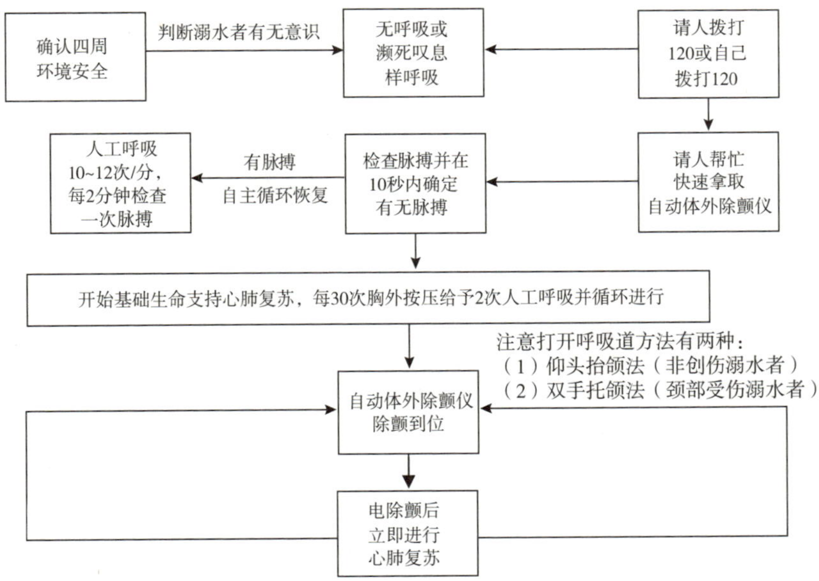

图 5-3-11　成人基础生命支持流程图

第六章　水中康复

第一节　概述与定义

一、康复概述

康复专家委员会在 1981 年对康复的定义进行了更新，更新后的定义为："康复是指通过实施相关措施，减轻致残因素或条件所带来的影响，并帮助残疾者重新融入社会的过程。康复的目标不仅在于使残疾者适应其周围环境，还涉及采取措施对其环境进行适当调整，以利于其顺利重返社会。"现代康复则强调综合运用医学、教育、社会、职业等多种手段，使病、伤、残者（包括先天性残疾）已丧失的功能尽可能快且最大限度地恢复和重建，从而使其在体格、精神、社会和经济等方面的能力得到尽可能的恢复，最终实现其重新走向社会的目标。

二、水中康复的定义

水中康复是体育康复学科的重要分支，它充分利用水的自然特性及水中运动的生理生化基础知识，对练习对象进行科学的治疗和训练，旨在缩短康复治疗周期，尽早恢复其生活和工作能力。该锻炼方法涵盖了水疗法、水中体能训练及治疗性游泳等多种形式。

由于水的浮力作用，人在水中会处于近似失重的状态。当人在齐肩深的水中活动时，可体验到约 90% 的失重感。例如，一个体重 100 千克的人，在水中的体重大约仅为 10 千克。这种状态能显著减轻承重关节的负荷，因此在此环境下进行有针对性的力量和柔韧性训练，不仅能有效缓解疼痛，而且还能取得显著的康复效果。

第二节　水中康复的起源和发展

在古罗马时代，人们通过沐浴来舒缓身心，进而促进健康。罗马人是欧洲各地温泉开发的先驱，当罗马士兵在欧洲大陆征战受伤或患病时，便会留在温泉地进行疗养。为了尽快归队，受伤或患病士兵通过在水中进行各种身体运动来恢复健康，这便是水中疗法的雏形。

20 世纪前期和中期，水疗法在欧洲逐渐普及，随后水中体能训练和治疗性游泳在医学领域得到广泛应用，为现代水中健身运动奠定了基础。现代水中健身运动被认为起源于 20 世纪 60 年代的美国，加利福尼亚的游泳教练希德内是最早推广水中健身运动的人。水中环境被视为有益的运动媒介，能够避免运动伤害，并具有医疗康复作用。在美国，还开展了诸如水中跑步、水中球类等多种用于康复和健身的水中运动。

国外水中健身运动的主要内容涵盖水中有氧练习、水中柔韧性练习、水中肌肉力量练习，以及水中行走、跑步、跳跃、游动、上肢运动和全身运动等，形成了集水中减肥、水中康复和水中娱乐等功能于一体的锻炼体系。此外，许多医院设有游泳池，患者在水疗专家的指导下，利用水的特性进行康复治疗。专家会对病人进行检查，并开具运动疗法的处方，除了指导病人采用什么练习方法外，还会进行具体的理疗。

随着时代的进步，水中运动已广泛应用于力量和康复训练领域。水中康复训练的主要目的是治疗背痛、关节炎及其他身体疾病，其最佳锻炼时长为 45 分钟，包括热身拉伸和放松调整环节。这种训练方式能够针对性地治疗特定肌肉群，如股四头肌、腰部、背部、肩部或手臂。由于每个人的健康状况和运动水平有异，水中康复练习的内容也因人而异，其成效直接取决于个人完成练习的质量。值得一提的是，部分练习可以以小组形式进行，这不仅能够提升练习者的兴趣，而且还能有效发挥他们的积极性。

第三节 水疗技术与水中康复

一、水疗技术分类

水疗法主要分为冲浴法、浸浴法和水中运动法三大类。此外，一些在国内外历经多年发展的水中运动技术，因其独特的理论和技术体系，被归类为水疗专项技术。

（一）冲浴法

冲浴法细分为全身冲浴和局部冲浴。全身冲浴通过调节水温的花洒或喷头，让适宜温度的水依次缓慢冲浴颈肩部、上肢、躯干和下肢；局部冲浴则利用具有一定压力的水流冲浴身体特定部位。

（二）浸浴法

浸浴法是指患者将全身或局部浸泡在水中进行治疗的方法。根据浸浴设备的不同，可分为蝶形槽浴、涡流槽浴和气泡治疗槽浴等；按水温划分，则有冷水浴（低于 25 摄氏度）、低温水浴（25~32 摄氏度）、不感温水浴（33~35 摄氏度）、温水浴（36~38 摄氏度）、热水浴（38 摄氏度以上）和冷热交替浴（热水约 40 摄氏度，冷水约 10 摄氏度）；按作用形式，可分为气泡浴、涡流浴等；按溶质成分，可分为淡水浴、盐水浴、苏打浴、药浴和臭氧浴等。

（三）水中运动法

水中运动涵盖多种形式，包括水中肌力训练、水中关节活动度训练、水中平衡训练、水中步行训练、水中有氧训练、水中太极、水中瑜伽等。此类运动的频率通常为每周 3~4 次，持续 2~4 周。在同一治疗周期内，患者需参与多种形式的水中运动项目。

（四）水疗专项技术

哈利威克疗法适用于各类人群，特别是对于那些具有运动能力但存在学习能力障碍的残障人士尤为有效。通过该疗法，患者能够实现在水中独立活动。哈利威克疗法主要由两大系统构成，即十点程序和水中特殊治疗，也可称为哈利威克基础课程和高级课程。基础课程主要教授游泳技能，高级课程则在此基础上扩展，重点在于治疗身体结构缺陷和功能障碍。两者之间并无严格界限，在实际应用中相互补充。十点程序和水中特殊治疗的主要目标是教会患者游泳，但对于水疗师来说，教授游泳并非最终目的，多数患者对学习游泳技能也缺乏兴趣。因此，哈利威克高级课程中融入了多种实用的治疗技术，使水疗师能更有效地利用水环境特性来提升运动训练效果。拉格斯训练基于本体感觉神经肌肉易化技术原理，在疼痛控制和肌肉放松方面效果显著。水下指压按摩疗法则是将按摩技术引入水中，以增强生理和心理效应的一种治疗方法。常用动作包括重复性躯干牵张和旋转动作，如基本的旋转躯体动作及近端和远端腿部旋转，有助于降低躯干、肩部、髋部及四肢的张力。

二、水中体能训练（水中有氧运动）

水中体能训练是患者在深度为 1~1.4 米的泳池中，伴随音乐进行花样游泳、健美操、舞蹈等多种形式相结合的全身运动。大部分水中体能训练以集体课程形式开展，在水疗师或健身教练的带领下，进行时长为 0.5~1 小时的水中运动。课程重点在于有氧耐力和阻力训练，并营造愉悦的音乐氛围。不同形式的水中体能训练包括水上尊巴、水上瑜伽、水中有氧操和水上慢跑。由此可见，水中体能训练作为一种新兴项目，具有独特的优势：运动方式多样、难度较低、易于掌握、形式新颖、环境优雅且富有时代感。在水环境中，运动不仅对人体的生理和心理锻炼具有积极作用，提升对水的适应能力，而且在同等运动负荷条件下，相较于陆地运动更能有效锻炼心肺功能和能量代谢能力，适合各个年龄段的人群，适宜在我国广泛推广。

三、治疗性游泳

治疗性游泳通过拆分、重组、改良竞技游泳的各动作环节，或利用器材辅助，对功能障碍、亚健康及疾病人群产生治疗效果，并提升其健康状态。具体训练内容包括打腿技术（仰卧/俯卧体位、徒脚/脚蹼、水中吐吸气/呼气管）、划手技术（徒手/划手掌）及配合技术（蛙泳/自由泳/仰泳）等。

四、水疗作用原理

温度对机体生命活动产生显著影响。温度刺激的突然程度、水温和体温的差异、作用面积、刺激强度及持续时间等因素，均会引起机体不同反应。根据水温，可分为热水、温水、不感温水、低温水和冷水。水疗通过喷雾、冲洗、摩擦、涡流等方式作用于身体表面，产生机械效应，主要包括静水压、浮力和水流冲击作用。水作为优良溶剂，可溶解多种化学物质，通过水中药物直接作用于身体表面，避免胃肠道刺激，对运动、神经、消化、泌尿、内分泌、呼吸、循环及生殖系统等具有显著功能促进作用，达到康复治疗效果。水疗是理想的身心增强活动方式，通过调节水中矿物质和温度，缓解疲劳、放松身体并保健。

五、水疗专科评定

为制定个性化水疗康复目标与计划，需对患者进行全面系统的临床与康复评定。通常康复评定由康复医师、临床医师、心理医师、康复治疗师及康复护士等多方参与。水疗专科评定时，水疗师需与临床医师及康复团队充分沟通，对患者进行全面评价。水疗前检查需结合实验室与体检，排除禁忌症如肝炎、梅毒、艾滋病等，确认皮肤完整性、伤口愈合、骨折愈合、造瘘、二便控制、心肺功能、下肢深静脉血栓及血管内斑块情况、危险意识、自我保护意识、攻击倾向等。

陆上康复评定包括肌力、肌张力、关节活动度、平衡功能、疼痛、压疮、水肿、感觉、疲劳及体力消耗、心理、睡眠、认知、日常生活活动能力、步行能力等。水中功能评定包括水中独立性测试量表、哈利威克能力水平分级、艾琳水中适应性测试量表、游泳独立性测试量表、水中敏捷性评定等。

第四节　水疗室建设与管理

一、规范性引用文件

治疗用水的水温及尿素检测应遵循 GB/T 18204 标准，氰尿酸检测依照 CJ 244 标准，其他水质指标的检测则按照 GB/T 5750 标准执行。室内空气的检测及监测方法均需按照 GB/T 18204 标准进行。

二、水疗室环境管理

在水疗室环境管理方面，应定期对室内空气细菌总数、相对湿度及室温等关键指标进行监测。同时，坚持每日的卫生清洁和每月的大扫除制度。第一，水疗室的设计应秉承简洁美观、优雅舒适、宽敞明亮和通风良好的理念，力求实现屋顶高耸、视野开阔及自然采光面积充足。第二，室内温度应控制在 22~26 摄氏度。第三，室内相对湿度应维持在 50%~75% 范围内，并尽量降低。第四，各类照明设施，包括一般照明、安全指示照明及应急照明，均须符合相关国家标准。第五，需定时自检池水的游离性余氯、酸碱度、水温等指标，并详细记录水质自检情况以备查验；为保障检测结果的客观性和可靠性，水疗室应每半年或一年委托第三方检测机构进行水质检测，并获得权威检测结果。

在资金充裕的情况下，应优先考虑采用智能化控制系统对水疗室环境进行全面监控，涵盖空气质量、温湿度、照明和水质等多个方面，以确保工作人员和患者的健康安全。

三、水疗室基础设施

1. 通道：主通道应满足轮椅双向通过需求，更衣、入浴通道应方便轮椅及搬运床出入。

2. 辅助设施：应设男女更衣室、淋浴间、卫生间及供特需患者单独使用的淋浴间、更衣室。

3. 排水设施：应设计、预留充足完备的给排水系统。

4. 安全设施：有符合国家相关规定的完备的消防系统（包括烟感警报器、自动喷淋系统及消火栓等），紧急出口及逃生门标识应齐全，功能完好。

5. 无障碍设施：按照国家相应标准，设计、安装无障碍设施。

6. 空调设施：保证室内通风良好，设备运转正常。

7. 洗手设施：设有流动水洗手设施和快干手用消毒剂。

水疗室施工前应寻求具有水疗室建造经验的专业人员的帮助，做好场地和各项基础设施的设计，避免出现因设计不当而导致的返工现象。

四、水疗室设备配置

应有水中运动疗法池、浸浴治疗设备、冲淋治疗设备、步行训练治疗槽、中药浴池等水疗设备，配套的水处理水质监测及急救等设备。

对于配备大型水疗池的水疗室而言，必须设有专人进行急救设备管理，定期召集水疗室工作人员进行相关急救培训。

五、水疗室布局

水疗室应分设治疗区、配套辅助区、办公生活区、设备间及储物间等必要的区域和房间，相互间的比例适当，符合安全卫生的使用要求。

六、水疗室设备设施养护和清洁消毒

应为设备设施配备《运行保养维护记录本》，按说明书中的要求进行操作、维护、保养，并指定专人随时记录。

七、人员管理

医务人员衣帽整洁，严格落实卫生消毒制度。水疗工作人员如遇自身皮肤破损及其他不适宜下水的状况时，应暂停水中运动治疗。康复医师及水疗师应根据水疗禁忌症对参与水疗的患者进行筛选，一旦发现患者有水疗绝对禁忌症，及时暂停水疗。

大型水疗室应实施预约制治疗，配备前台服务人员，对患者进行接待和分流，维护整个水疗室的治疗秩序。

八、水疗安全管理

重点强调对水疗患者的筛选和宣教工作，严格控制进入水疗池的患者人数，确保水疗师在治疗过程中对患者的有效保护，以及在面对各种可能的意外情况时，能够做出恰当的应急反应，包括使用应急设备进行急救。

九、风险管理

必须识别以下风险因素：疾病相关性风险、水疗设备及其他设备相关性风险、医院感染相关性风险及其他潜在风险。风险管理策略应包括建立健全相关制度、流程及应急预案，落实培训工作，实现管理规范化，严格掌握适应症及禁忌症，强化水质管理并注重整体质量管理。

十、水疗师资质要求和培训制度

为响应国务院关于医养康养结合的号召，满足慢性疾病、老龄化、残疾及功能障碍患者的康复需求，适应我国康复治疗技术人才培养的快速发展趋势，充分发挥水疗康复的独特治疗优势，规范引入并培养水疗师，是建设一支符合我国社会需求与专业要求的水疗师队伍的必经之路。

（一）水疗师准入制度

近年来，我国水疗康复理论与实践迅猛发展，水疗在现代康复医学中的重要性及社会需求的日益增长已获得广泛认可。然而，符合水疗师岗位要求的专业人才严重短缺，导致从业人员水平参差不齐。在目前开设康复治疗高等学历教育的400多所学校中，仅有一两所学校设有水中康复治疗专业。现有水疗师缺乏有效的考核标准与培训制度，这些考核标准与制度的缺失，将严重影响行业的规范化发展。因此，建立我国水疗师准入制度与考核标准具有重要意义。

（二）水疗师培养体系

水疗师培训体系分为岗位能力综合基础培训与各专项分科继续教育培训两大类。岗位能力综合基础培训具有普适性，内容涵盖成为一名合格水疗师的基础能力与素质、水疗师准入制度与考核标准，并可与水疗师培训体系中专业技术模块与专项技术模块相衔接。各专项分科继续教育培训包括水疗专项技术与水疗专科技术两部分，前者按国际通用的经典水疗技术进行划分，如水中太极拳疗法、哈利威克疗法和水中特殊治疗等；后者以各专科的水疗需求进行划分，强调将为满足不同专科治疗效果的水疗技术进行综合应用。

水疗师的教育和培训体系非常必要，借鉴国外较为完善的教育体系，需要国内水疗专业人员推动高校普及水疗康复技术课程教育，同时借助水疗师规范化培训等契机进行水疗专项技术培训。

第五节　水中康复的针对性训练

一、水中慢跑的作用

水中慢跑对足、踝、膝等部位的肌炎、关节炎、莫顿神经瘤及肌肉拉伤的恢复具有显著帮助。在陆地上进行跑步训练时，骨骼和关节需承受相当于体重 3~4 倍的负荷，而在水中运动时，借助水的浮力，可有效减轻身体自重带来的压力，从而更高效地完成康复训练。

对于下肢或背部损伤的患者，水中运动是一个理想的选择。在证实水中运动对阶段性手术前后治疗效果显著后，水中运动也逐渐成为治疗脊椎疾病的有效手段。特别是当疼痛导致无法在陆地上活动时，水中慢跑能在手术前维持身体健康状态，并在手术后借助水的浮力，使患者更早地开始康复锻炼。例如，小腿拉伤多因运动时肌肉紧张所致，水中慢跑时，水的浮力有效减轻身体重量，沿浮力方向慢跑时，浮力辅助运动，有助于患者保持良好心态并锻炼患肢。当肢体在水面做水平运动时，浮力抵消重力，使水平运动更易完成。若运动方向与浮力相反或速度较快，水形成阻力，相当于进行抗阻运动；通过增加肢体接触面积，可进一步增大阻力。不同水温可强化治疗效果，应根据需求选择，如松肌（中枢性瘫痪）可用 36~39 摄氏度的水温，而希望长时间活动的肢体运动则宜选择 32~34 摄氏度的水温。

二、关节损伤水中康复的益处

关节损伤康复训练旨在恢复患者的负重、行走和平衡能力，提升生活自理水平。膝关节在人体关节中位置特殊，结构复杂。通过锻炼膝关节周围的软骨、韧带和肌肉，可增强关节稳定性，减少损伤，改善功能。研究表明，增加肌肉力量对缓解关节炎症、提升关节功能至关重要。水中运动法在增强肌肉力量方面较其他方法更为有效，因为它能在确保膝关节损伤稳定的前提下，通过提升肌肉力量来增强关节稳定性，加速康复进程。

三、腰肌劳损水中康复的方法

腰肌劳损是一个广义概念，常指无器质性改变的慢性腰部疼痛，可分为动力性和静力性两类。从事体育运动和体力劳动的人群多患动力性腰肌劳损，久坐久站的办公室人员则多患静力性腰肌劳损，且该病症呈现年轻化趋势。尽管传统康复手段多样，但是耗时费力，效果不佳，且易因治疗中断而复发。水中康复方法简便易行，既能全面锻炼身体，又能有效治疗疾病，效果显著且复发率低。

（一）水中有氧操对腰肌劳损的康复作用

水中有氧操是一种针对腰肌劳损患者的有氧训练方式，通过练习可以有效改善心血管系统机能，提升肌肉工作能力和关节灵活性。此外，水中有氧操还能促进人际交流，陶冶情操，对身心健康具有积极作用，有助于患者加速康复，并达到预防腰肌劳损的效果。

（二）水中减肥对腰肌劳损的康复作用

随着生活水平的提高，肥胖人群急剧上升。肥胖导致的腰部负荷过重是引发腰肌劳损及各类心血管疾病的重要因素，因此控制体重至关重要。研究表明，人在 12 摄氏度的水中停留 4 分钟所散发的热量，相当于在同等温度的陆地上 1 小时所散发的热量。由于水中消耗的热量远高于陆地，水中减肥成为肥胖人群的理想选择，对预防腰肌劳损具有显著效果。

（三）水中游戏对腰肌劳损的康复作用

水环境对多数人而言较为陌生，腰肌劳损患者进入水中常会产生恐惧心理，难以全身心融入。通过水中游戏的娱乐性，可以有效消除患者的恐水心理，使其在轻松愉快的氛围中达到锻炼效果，同时愉悦身心，减轻压力。

（四）水中按摩对腰肌劳损的康复作用

利用水的浮力和按摩作用，可以显著减少对腰肌劳损患者的刺激，相较于陆上训练，水中按摩能带来更佳的康复效果。更重要的是，水的舒缓作用有助于缓解患者的情绪和身体疼痛，有效减轻身心痛苦，使其更顺利地完成康复训练，早日恢复正常生活。

第六节　水中康复的益处

一、水中康复的特点

随着运动损伤的频繁出现，学术界对运动损伤的研究取得了很大进展，对运动员和其他人员运动损伤的治疗方法也在逐渐丰富，水中康复就是其中的一种。水中康复主要用来治疗一些物理原因导致的运动损伤，比如扭伤、拉伤和骨折等。水中康复可以使伤病恢复得更快，因为适用范围非常广，所以广受好评。

（一）水中活动时身体负荷小

已经造成了运动损伤，如果还坚持在陆地上进行康复治疗和训练，很容易产生副作用，对于伤者来说是非常危险的做法。如果在水中运动，由于水的物理特性，柔软且流动性强，可以避免伤者在陆地上进行康复训练和治疗带来的伤害。伤者在水中康复治疗时，由于水的浮力作用，会给人一个向上的力，减轻疲惫感和关节部位的压力，有助于伤者缓解疲劳，做一些简单的恢复动作，有效避免二次损伤。

（二）水中活动者的体能消耗小

在水中进行康复会增加人肌肉的伸展性，在水中做一些肌肉拉伸动作，不会耗费太多的体能，有助于伤者快速恢复。如果在陆地进行康复训练是达不到这种训练效果的，反而会特别消耗伤者的体能，很有可能对伤者的伤病部位造成更严重的损伤。此外，水中康复有助于提高伤者练习全身肌肉的协同性，加快伤者恢复。水中康复可以改善血液循环，促进新陈代谢，降低很多疾病发生的概率，比如高血压、糖尿病等。对于普通人来说，为了避免枯燥，在进行水中康复练习时，可播放适当的音乐，消除焦虑与不安情绪，树立克服病症的自信心，进入轻松愉快的状态，有助于运动损伤快速恢复。

二、水中康复的治疗作用

水在医疗领域的应用历史悠久。古希腊人深信海水能清洗恶性肿瘤组织和激发神经功能。在罗马帝国时代，普通民众已用水疗解决宿醉、精神错乱等问题。当时，奥古斯都大帝通过浸泡海水来治疗热病。到了 16 世纪，法国国王亨利三世采用海水治疗皮肤病。此后，医学专家持续探索，利用水疗净化身体，预防和治疗多种疾病。

（一）温度作用

水具有高比热、大热容量和强导热性，静止的水通过传导散热，流动的水通过对流散热，因此水的温热效应显著。温水池和热水池能扩张血管、促进血液循环和新陈代谢，降低神经兴奋性和肌张力，缓解疼痛；冷水池和凉水池则收缩血管，提升神经兴奋性和肌张力，使人精力旺盛。

（二）机械作用

静水压能增强机能代谢，压迫体表静脉和淋巴管，促进血液和淋巴液回流，有助于减轻水肿。水的浮力使身体在水中漂浮，减轻负重关节的负担，此时关节受冲击和震荡极小，避免运动损伤。缓慢水流对皮肤有温和按摩作用，水射流则对人有较强的机械冲击力，能起到扩张血管、提高张力、增强神经兴奋性的作用。

（三）化学作用

在水中加入某种药物，机体在化学作用下加快药物的吸收，起到康复的效果。

三、在不同温度的池水中锻炼可起到不同的治疗效果

（一）温水池

温热因子作用于人体，使组织蛋白微量变性和分解，产生组织胺、血管活性肽等，促进血管扩张、血液循环，改善微循环；增加腰部损伤处的供血，改善局部营养，对加速组织修复至关重要。

（二）热水池

有发汗、镇痛效果，有助于缓解腰部疼痛。热水作用下，体内非细菌性产物及致痛化学物质随血液加速排出，实现止痛目的。

（三）冷水池

有提高兴奋性的作用，适用于抑制程度占优势的腰肌劳损患者。

小知识

目前，冷热交替水疗法在很多领域都有着广泛的应用。首先，冷热水温的变化可以引起机体血管的扩张和收缩，这样有利于减轻血管充血程度和组织炎症。另外，冷热交替坐浴疗法对女性月经症候群及循环功能不良等症状的改善效果也很显著。当前，此疗法还应用于运动康复领域，对于高强度训练或提高阶段的高强度重复性练习的运动员而言，可以快速消除疲劳。

第七节 水中康复的方法

一、水中康复对运动损伤的治疗

水中康复相比陆地上的训练康复有很多无法比拟的优势，这些优势主要来源于水这种比较特殊的介质。当伤者进入水中时会感受到水的浮力，这种作用力的方向是向上的，与人的重力方向相反，这时人会从产生失重的感觉，膝关节和其他关节所需要承受的由自身体重带来的压力就会大大减小，并且水具有完美的流动性和渗透性，能够全方位围绕伤者的受伤部位作用力。人在水中时，毛孔会因水温与人体温度的差异而逐渐打开，此时需要用于全身治疗的药物就可以通过这种方式进入人体，加速吸收，提高治疗效果。可见，在水中进行康复治疗的效果远远高于在陆地上的治疗效果，并且在水中很难发生像在陆地上进行康复训练造成二次运动损伤的情况。

水中康复对运动损伤的治疗主要分为 3 个阶段：一是急性或早期康复阶段。该阶段重点在于减轻伤者受伤部位的水肿，减轻伤者的疼痛感，增加关节活动程度，也是在水中的适应性阶段。二是中期康复阶段。在这一阶段伤者对水中的环境已逐渐适应，身体机能在水中可以和在陆地一样正常运转，重点在于继续增加关节活动程度，加强耐力和力量训练，提高平衡能力、协调性和灵敏性。 三是后期康复阶段。完成这一阶段的各项康复任务，伤病部位的康复会大有好转。

在水中所有康复训练的动作都要科学设计，有一套完整的流程，伤者可以自主或者在专业人员的辅助和陪同下完成这些动作，缩短康复时间，恢复正常生活，因此水中康复有诸多陆地上康复训练无法比拟的优势。

二、水中康复治疗注意事项

伤者进行水中康复初期，受伤部位还会很疼痛，在水中有时候可能会出现站立不稳等情况，极易摔倒，因此在康复初期必须要求有人陪伴，以免伤者在水中发生意外情况。

伤者进行水中康复时，必须由专业人士给出完整的治疗方案，治疗的每一个阶段都要有清晰的规划和恢复目标等。如果水中康复达不到预期效果，就要仔细审核该方案的科学性和适用性，找出原因所在，及时加以调整。

水中康复应尽量去专业的水疗机构，专业机构有专业人员的陪护与医学照顾。专业机构在提供水疗场所时，一定要符合相关资质，达到卫生标准，注意控制水质和及时进行地面清洁，谨防出现伤者摔倒的情况。

专业的水疗机构不得歧视伤者，并且应配合医护人员，必要时为伤者提供辅助治疗，加快伤者的恢复进程，使伤者尽快回归正常生活。

水中康复有诸多禁忌，以下患者或有以下情形者，不宜进行水中康复治疗：认知功能障碍患者；有皮肤、眼和耳的感染或炎症，足癣或开放性伤口者；全身感染或炎症患者；恐水症、严重癫痫患者；未控制的高血压、严重动脉硬化、不稳定型心绞痛患者；首次发作的心力衰竭患者；女性月经期；运动疗法的其他禁忌症，如骨折未固定或愈合等；呼吸功能不全，肺活量＜1升；严重的外周血管疾病；有流血和出血危险；患有严重肾脏疾病：无法在浸泡时适应体液流失；二便失禁者；可通过水及空气传染的相关疾病，如感冒、伤寒和霍乱等。

水中康复治疗也会产生不良反应，如头痛、头昏脑胀、眼睛痒痛、耳痛、耳鸣、恶心呕吐和瘢痕红肿增生等。

水疗技术在国际上已经得到广泛应用，但目前国内不少水疗机构基于成本问题，多采用水疗槽，这样无疑在很大程度上限制了水疗技术的发展。要想改变现状，必须提高宣传力度，争取医保政策的支持，积极与厂家合作进行定制式水疗池的国产化和普及化开发，为丰富水疗技术的开展提供物质基础。

三、水中康复练习方法

表 6-7-1　下肢水中康复练习方法表

序号	动作名称	练习方法	练习量	练习重点	注意事项
1	水中屈髋	（1）双脚站于水中，上半身俯卧于水面，上肢尽可能地向前伸展 （2）双腿屈，双手掌心向前推水 （3）双手推水的同时，身体俯卧于水面，髋关节屈，臀部向后顶出，双腿膝关节伸直	2×20 次	（1）练习时，尽可能将动作幅度做到位 （2）不仅要直立，且要结合水的浮力尽可能地将动作伸展 （3）屈髋的同时要尽可能地向前神手臂	（1）动作节奏应尽量放慢，不宜用力过猛，节奏过快、力量过大容易造成运动损伤 （2）如在屈髋练习中出现疼痛，应终止练习
2	水中前踢腿	（1）侧身双脚开立站于泳池边或者分道线边，一手扶泳池水槽或分道线 （2）如右手扶于池边则先进行左腿训练，用右腿和右臂支持身体，使身体保持平衡 （3）将左腿伸直向前抬离池底，在上抬过程中需克服水的阻力，此时要求腿依旧保持伸直，将腿抬至水平即可 （4）抬至水平后，腿部依旧保持伸直，再向下压，下压时同样有一定阻力，腿部不可弯曲，要伸直向下压。身体需保持直立，不可以左右晃动或前后摆动，下压至原位动作结束 （5）一侧腿做完后，转体换另一侧，右腿动作与左腿动作相同	3×15 次	（1）在进行前踢练习时首先要保持身体直立，不要前后摆动或左右晃动 （2）在进行抬腿和回收腿时，腿部在水中虽会受到阻力的影响，但仍要保持腿部直立，避免弯曲	（1）动作节奏不宜过快，体会水的阻力 （2)关节活动度、柔韧性较好者可将腿抬出水面，尽可能地伸展

续表

序号	动作名称	练习方法	练习量	练习重点	注意事项
3	水中侧踢腿	（1）侧身双脚开立站于泳池边或分道线边，一手扶泳池水槽或分道线 （2）如右手扶池边则先进行左腿训练，用右腿和右臂支撑身体，使身体保持平衡。将左腿伸直向侧方抬起，在侧踢过程中要求腿克服水的阻力保持伸直，尽可能将腿侧踢至水平，可以感受到腿抬起后侧腰肌受到挤压 （3）抬至水平后，腿部依旧保持伸直，再向回摆腿，下压时同样有一定阻力，腿部不可弯曲，要伸直向下压。身体需保持直立，不可以左右晃动或前后摆动，下压至原位动作结束 （4）一侧腿做完后，转体换另一侧，右腿动作与左腿动作相同	3×15 次	（1）在进行侧踢练习时首先要保持身体直立，不要前后摆动或左右晃动 （2）在进行抬腿和向回收腿时，腿部在水中虽会受到阻力的影响，但仍要保持腿部直立，避免弯曲	（1）动作节奏不宜过快，体会水的阻力 (2)关节活动度、柔韧性较好者可将腿抬出水面，尽可能地伸展
4	水中兔子跳	（1）双脚略分开站于水中，双腿微屈，仅头部露出水面即可 （2）两臂侧平举抬至水平，但不要抬出水面，一掌心朝前，一掌心向后 （3）双腿向右跳跃时上身向左转动，双腿向左跳跃时上身向右转动，转动的同时手掌来回拨水	3×30 次	借助躯干的力量在水中转动，不要只转动臂部或只进行上半身的转动	在水中左右转动身体，用手掌拨水

续表

序号	动作名称	练习方法	练习量	练习重点	注意事项
5	水中团身收腿	（1）站于水中，双臂侧平举抬至水平 （2）双腿同时离地，并用双手下压环抱双腿 （3）环抱双腿后，双腿同时放回原地，手臂还原准备姿势	2×15 次	（1）借助水的浮力抬起双腿 （2）双腿抬起时屈膝，锻炼腹肌的同时，伸展腰背肌	（1）团身收腿时双腿同时抬起，不要单腿抬起 （2）双手要环抱双腿 （3）水性较差者可借助相关浮力器材（水中浮力腰带、水中健身棒、浮板等）进行练习
6	水中仰卧抱膝	（1）借助浮力器材，以水中健身棒为例 （2）将水中健身棒置于身体后，两腋夹住，仰卧于水面，两腿伸直 （3）双腿同时向胸前收回，膝关节尽可能贴近胸部，幅度尽可能大 （4）收至胸前后，双腿再勾脚伸直，回到原位	2×20 次	（1）身体仰卧于水面 （2）双腿同步向胸前回收，膝关节尽可能地贴近胸部 （3）伸直腿，脚尖勾起，回原位	（1）水性较差者必须佩戴浮力器材 （2）蹬腿时，脚尖勾起，脚心朝前蹬腿而不是向下蹬腿
7	水中仰卧蹬车	（1）借助浮力器材，以水中健身棒为例 （2）将水中健身棒置于身体后，两腋夹住，仰卧于水面，两腿伸直 （3）脚尖勾起，两腿交替向前在水中仰卧进行蹬自行车动作 （4）可向前游进	4×25 次	两脚交替蹬腿，呈仰卧蹬自行车状	交替蹬腿，要注意不是简单的仰泳腿，不要上下打腿
8	水中剪刀腿	（1）借助浮力器材，以水中健身棒为例 （2）将水中健身棒置于身体下，仰卧于水面，两腿伸直 （3）两腿伸直并拢，先向外打开，伸展至最大范围，再将两腿并拢交叉，使关节充分活动	2×（20~30）次，也可视个人情况相应增加或减少组数	两腿在水中交叉摆动，尽可能增大活动范围，充分活动关节	两腿在水中不仅要做开合动作，还要有交叉，像剪刀腿一样

续表

序号	动作名称	练习方法	练习量	练习重点	注意事项
9	哑铃飞鸟前后分腿	（1）双腿并拢自然垂直站于深水中（脚不能接触池底），上半身俯卧于水面，头部露出 （2）双手持水中健身哑铃，外展与水面齐平 （3）双手持水中健身哑铃向下压，两手在水下相交。同时两腿前后分开，伸直交替滑动 （4）连续重复进行此动作	4×（20~30）次，也可视个人情况相应增加或减少组数	可根据个人情况选择佩戴浮力器材或进行徒手动作，从而降低动作难度。持水中健身哑铃时需用力克服哑铃自身浮力向下压水	可根据个人情况选择佩戴浮力器材或进行徒手动作，从而降低动作难度。持水中健身哑铃时需用力克服哑铃自身浮力向下压水
10	提膝转体	（1）双腿并拢自然屈膝，双手持水中健身哑铃自然展开 （2）双腿屈膝向右转体，回到原位；再向左进行转体，回到原位 （3）连续重复进行此动作	4×（20~30）次，也可视个人情况相应增加或减少组数	双腿屈膝转体时上体尽量保持不动	借助浮力器材保持平衡，从而降低动作难度
11	分腿上抬	（1）双腿并拢自然下垂，双手持水中健身哑铃自然展开与水面齐平 （2）双腿向两侧分开外展，尽可能地将双腿抬起，脚尖碰到双手哑铃 （3）连续重复进行此动作	4×（20~30）次，也可视个人情况相应增加或减少组数		可根据个人情况佩戴浮力器材或进行徒手动作，从而降低动作难度
12	前举腿	（1）双腿并拢自然下垂，双手持水中健身哑铃在身体两侧平举，自然伸直并拢 （2）双腿并拢，同时向上抬起，尽量接近水面 （3）接近水面后，轻缓放回原位，下压时需克服水的阻力	4×（20~30）次，也可视个人情况相应增加或减少组数		可根据个人情况佩戴浮力器材或进行徒手动作，从而降低动作难度
13	哑铃垂体	（1）双腿并拢自然下垂，双手持水中健身哑铃自然展开与水面齐平 （2）保持直立姿势	4×（20~30）次，也可视个人情况相应增加或减少组数		可根据个人情况佩戴浮力器材或进行徒手动作，从而降低动作难度

续表

序号	动作名称	练习方法	练习量	练习重点	注意事项
14	水中步行	（1）站于浅水中，双手自然放松置于身体两侧，保持舒适姿势保持平衡 （2）手臂伸直置于身体两侧，呈步行姿势，双腿伸直向前行走并摆臂	4×30次	手臂和双腿在水中保持伸直，不要弯曲	由于在水中行走阻力很大，原地步行为宜
15	水中倒走	（1）背对岸边站立，双臂置于身体两侧 （2）双腿向后倒走，同时双手向前推水	4×25米	（1）在水中倒退行进，双臂自然前后摆动，保持平衡 （2）可以充分地活动膝关节，从而进行全身运动	在水中不用担心摔倒或看不到障碍物，可以加快倒走速度
16	水中慢跑	（1）站于浅水中，双手自然放松置于身体两侧，保持舒适姿势保持平衡 （2）手臂置于腰间，呈跑步姿势，双腿弯曲向前跑，配合摆臂	4×25米	需克服阻力，在减重的水环境下，尽可能地调动全身肌肉力量进行水中跑步	水性较差者必须佩戴浮力器材，以免发生危险
17	分腿踩水	（1）站于深水中，脚不能接触池底 （2）双手可展开或做前后摆臂动作保持身体平衡 （3）一侧腿向上屈膝抬起，另一侧腿在水下自然伸直 （4）当一侧腿向上抬至腰部时可向下向外侧落下踩水，此时另一侧腿抬起进行交替	4×（20~30）次，也可视个人情况相应增加或减少组数	需克服水的阻力，在运动过程中保持身体平衡	在向下踩水时，阻力腿应对准水进行踩水。如果感到阻力过大，可根据个人情况佩戴浮力器材或进行徒手动作，从而降低动作难度
18	后蹬腿	（1）俯卧于深水中，手可扶池边或分道线维持平衡 （2）当一侧腿膝关节屈收至腹部时，另一侧腿后伸向后方蹬直 （3）两腿交替前屈后伸蹬腿	4×（20~30）次，也可视个人情况相应增加或减少组数	处于漂浮状态时注意保持身体平衡	在向后蹬水时，阻力腿应对准水进行蹬腿。如果感到阻力过大，可根据个人情况佩戴浮力器材或进行徒手动作，从而降低动作难度

续表

序号	动作名称	练习方法	练习量	练习重点	注意事项
19	仰卧前蹬腿	（1）仰卧于水面，屈膝，双手抱住双腿膝关节，呈坐位抱姿 （2）双手展开向后拨水至体侧，同时双腿向前蹬直 （3）蹬直后，双手向前抱水，双腿屈膝，还原起始动作 （4）连续重复进行此动作	4×（20~30）次，也可视个人情况相应增加或减少组数	仰卧于水面，注意手、腿的协调配合	阻力腿应对准水进行蹬水，如果感到阻力过大，可根据个人情况佩戴浮力器材或进行徒手动作，从而可以降低动作难度
20	蛙腿	（1）站于深水中，脚不能接触池底 （2）屈臂，自然放松置于胸前，双腿分开外展，小腿向内收回 （3）双手向外拨水的同时，双侧小腿向外伸直 （4）双手向内拨水时，双侧小腿向内收回 （5）连续重复进行此动作	4×（20~30）次，也可视个人情况相应增加或减少组数	收蹬腿和手臂拨水的幅度不宜过大，体会双臂和双腿在水中的感觉	阻力腿应对准水进行蹬水，如果感到阻力过大，可根据个人情况佩戴浮力器材或进行徒手动作，从而降低动作难度

表 6-7-2 网球肘水中康复练习方法表

序号	动作名称	练习方法	练习量	练习重点	注意事项
1	水中绕环	（1）双脚开立站于齐腰深水中，两手握拳，手臂弯曲置于胸前 （2）腰前倾，手臂置于水下，左右臂交替在水下绕环 （3）手臂在进行绕环动作时可随着身体的转动从左至右完成	2×30 次	手臂在水下交替绕环，通过水下阻力锻炼肘关节及上肢关节活动度和力量。同时，在转动过程中使腰腹力量得到增强，提高身体控制能力和协调性	背挺直，身体前倾，使手臂置于水中，如身高过高可以屈膝下蹲

续表

序号	动作名称	练习方法	练习量	练习重点	注意事项
2	水中切菜	（1）双脚开立站于齐腰深的水中，膝关节微弯，两手臂置于体侧 （2）双臂抬至胸前平放于水中，前臂随着肘关节的带动上下移动，两手依次做上下切菜动作	4×20 次	两手在水下交替进行切菜动作，可充分活动肘关节，增加肘关节活动度和小臂肌肉力量	手臂双屈，这样可以使手臂动作在水下进行，达到康复的效果。在做切菜动作时，手掌与前臂呈直线，腕关节不动
3	水中下压推水	（1）双脚开立站于齐腰深的水中，两手臂置于体侧 （2）两手置腹前屈，手心向前，放置于水中 （3）双手同时向下压推水，也可左右交替推水	4×20 次	手臂在水面由弯曲推至水下伸直	双膝微屈，这样才可以使手臂动作在水下进行，达到康复的效果。推水速度应由慢到快，逐渐增加推水力量
4	水中上抬弹力绳	（1）双脚踩住弹力绳的圈套，双腿微微弯曲站立于水中 （2）双手持弹力绳，将弹力绳收紧，双手屈向胸前抬起弹力绳，抬起后再回到原位	2×30 次		将弹力绳收紧向上收起，保持弹力绳的力度
5	水下推掌	（1）弓步站于浅水中，肩部没于水面下，双臂置于体侧 （2）双手交替推掌收回 （3）推掌时手掌立起，感受水的压力，双腿可配合交替弓步跳	2×30 次		推掌时手掌立起

表 6-7-3　肩部损伤水中康复练习方法表

序号	动作名称	练习方法	练习量	练习重点	注意事项
1	水中抬臂	（1）双脚开立下蹲，仅使头部露出水面，肩部下沉至水下，两臂自然放松放置于体侧 （2）手臂自然伸直，做向上抬起动作，抬至水平停止 （3）后掌心向下压水，至两腿体侧停止	2×20 次	（1）手臂伸直，克服水中阻力向上抬至水平，但不出水面 （2）掌心向下压水 （3）利用水中阻力增加肩关节的肌肉力量	在水中抬起或放下时，手臂要伸直，不能弯曲

续表

序号	动作名称	练习方法	练习量	练习重点	注意事项
2	水中肩绕环	（1）双脚开立下蹲，仅使头部露出水面，肩部要下沉至水下，两手搭在肩上 （2）两臂在水下向前绕环，然后后绕环	前后各 2×20 次	双腿弯曲，使肩部沉至水下，克服水中阻力做前后肩部绕环动作	水中阻力较大，动作可由慢到快进行，使肩关节得到充分的活动，增加肩关节活动度。两腿自然弯曲下蹲，两膝距离不应超过肩宽
3	水中抱水	（1）双脚开立站于水中，上半身沉于水下 （2）两手臂向前伸展，手臂向下压水下抱水到胸前 （3）抱水至胸前后，缓慢收回	2×20 次	在水下抱水时手臂要尽可能地伸直，以克服更多阻力抱住更多的水，使肩关节尽可能地伸展，增加肩关节的肌肉力量	在水中手臂要充分抱水，所有动作要在水下进行
4	拨水螃蟹跳	（1）双腿开立，屈膝，肩部没于水下 （2）一手平举置于水面，一小臂屈置于胸前与水面齐平 （3）双腿伸直跳起，脚离开池底。同时，双手向下压水后向上拨水 （4）一侧拨水后可向另一侧拨水	4×（20~30）次，也可视个人情况相应增加或减少组数		注意手、腿的协调配合
5	叉腰扩胸	（1）弓步站于水中，肩膀没于水下，双手叉腰 （2）双手叉腰向前含胸，之后向后做挺胸动作	2×30 次		肩膀没于水中阻力较大，如果感到动作吃力，可将身体位置略微抬高
6	自由泳划手转肩	（1）弓步站于浅水中，双手置于体侧 （2）双臂交替直臂进行划水 （3）划水的过程中转动肩部	2×30 次	转肩过程中保持连贯性	克服水的阻力转动肩关节

附录一　游泳运动员技术等级标准

一、国际级运动健将

凡符合下列条件之一者，可授予国际级运动健将称号：

在奥运会、青年奥运会、世界锦标赛、世界青年锦标赛、世界杯、世界大学生运动会、亚运会、亚洲青年运动会、亚洲室内与武道运动会、亚洲锦标赛、亚洲青年锦标赛达到成绩标准。

二、运动健将

凡符合下列条件之一者，可授予运动健将称号：

（一）在奥运会、青年奥运会、世界锦标赛、世界青年锦标赛、世界杯、世界大学生运动会、亚运会、亚洲青年运动会、亚洲室内与武道运动会、亚洲锦标赛、亚洲青年锦标赛达到成绩标准；

（二）在全国运动会竞技比赛、全国学生（青年）运动会、全国冠军赛、全国锦标赛、全国春季锦标赛、全国夏季锦标赛、全国青年锦标赛、全国青少年U系列比赛总决赛、奥运会国内资格赛（选拔赛）、世界锦标赛国内资格赛（选拔赛）达到成绩标准。

三、一级运动员

凡符合下列条件之一者，可授予一级运动员称号：

（一）在全国运动会竞技比赛、全国学生（青年）运动会、全国冠军赛、全国锦标赛、全国春季锦标赛、全国夏季锦标赛、全国青年锦标赛、全国青少年U系列比赛总决赛、奥运会国内资格赛（选拔赛）、世界锦标赛国内资格赛（选拔赛）达到成绩标准；

（二）在全国青少年U系列比赛分站赛（每年不超过10场）、全国体育传统学校联赛、全国中学生游泳锦标赛、全国体校U系列游泳锦标赛达到成绩标准；

（三）省级运动会、省级体育行政部门主办的锦标赛、冠军赛达到成绩标准。

四、二级运动员

凡符合下列条件之一者，可授予二级运动员称号：

在省级运动会、省级体育行政部门主办的锦标赛、冠军赛达到成绩标准。

五、三级运动员

凡符合下列条件之一者，可授予三级运动员称号：

在省级体育行政部门主办的锦标赛、冠军赛达到成绩标准。

注：

1. 可授予等级称号的小项（以下小项外的其他小项不得授予等级称号）及成绩标准：

（1）男子

可授予等级称号的小项	国际级运动健将		运动健将		一级运动员		二级运动员		三级运动员	
	50米池	25米池	50米池	25米池	50米池	25米池	50米池	25米池	50米池	25米池
50米自由泳	21.96	21.40	23.28	22.48	24.50	23.60	27.50	26.50	32.00	30.00
100米自由泳	48.34	47.23	51.50	49.30	55.50	53.10	1:05.00	1:02.00	1:10.00	1:07.00
200米自由泳	1:46.26	1:44.08	1:51.55	1:48.55	2:03.00	1:59.80	2:23.00	2:19.30	2:32.00	2:28.00
400米自由泳	3:46.78	3:42.50	3:58.60	3:50.00	4:21.00	4:11.80	5:06.00	4:55.00	5:28.00	5:17.00
800米自由泳	7:51.65	7:45.02	8:24.00	8:14.30	9:02.00	8:51.70	10:32.00	10:19.00	11:15.00	11:02.00
1500米自由泳	15:00.99	14:49.29	16:00.30	15:33.80	17:20.00	16:50.90	20:15.00	19:41.00	21:40.00	21:05.00
50米仰泳	25.16	23.38	27.43	25.80	30.50	28.65	35.00	33.00	37.00	35.00
100米仰泳	53.74	51.30	58.45	54.75	1:04.00	59.95	1:14.00	1:09.30	1:22.00	1:17.00

续表

可授予等级称号的小项	国际级运动健将		运动健将		一级运动员		二级运动员		三级运动员	
	50 米池	25 米池	50 米池	25 米池	50 米池	25 米池	50 米池	25 米池	50 米池	25 米池
200 米仰泳	1:57.50	1:52.66	2:06.45	1:59.45	2:18.00	2:10.30	2:41.00	2:31.00	3:00.00	2:50.00
50 米蛙泳	27.33	26.57	28.75	27.75	32.50	31.25	37.00	35.50	42.00	41.00
100 米蛙泳	59.49	57.63	1:03.80	1:02.00	1:11.00	1:09.00	1:17.00	1:15.00	1:25.00	1:23.00
200 米蛙泳	2:09.68	2:06.23	2:21.90	2:15.90	2:35.00	2:28.50	2:50.00	2:43.00	3:07.00	3:00.00
50 米蝶泳	23.53	22.53	24.89	24.30	27.00	26.35	31.00	30.00	33.00	32.00
100 米蝶泳	51.67	50.57	55.45	53.60	1:00.00	58.00	1:10.00	1:09.00	1:13.00	1:11.00
200 米蝶泳	1:55.78	1:53.61	2:02.70	1:58.80	2:14.00	2:09.80	2:38.00	2:33.00	2:44.00	2:39.00
100 米混合泳	—	52.98	—	55.26	—	1:00.36	—	1:08.00	—	1:14.00
200 米混合泳	1:57.94	1:55.25	2:08.20	2:03.30	2:19.00	2:13.65	2:40.00	2:33.80	3:50.00	2:43.00
400 米混合泳	4:12.50	4:09.19	4:31.20	4:22.60	4:58.30	4:48.88	5:31.00	5:20.00	6:00.00	5:50.00

（2）女子

可授予等级称号小项	国际级运动健将		运动健将		一级运动员		二级运动员		三级运动员	
	50 米池	25 米池	50 米池	25 米池	50 米池	25 米池	50 米池	25 米池	50 米池	25 米池
50 米自由泳	24.70	24.44	25.85	25.00	27.20	26.40	31.50	30.50	36.00	34.00
100 米自由泳	53.61	52.85	56.30	54.70	1:02.50	1:00.50	1:13.00	1:11.00	1:18.00	1:15.00
200 米自由泳	1:57.26	1:55.60	2:01.20	1:58.50	2:15.00	2:12.00	2:39.00	2:35.00	2:50.00	2:45.00
400 米自由泳	4:07.90	4:06.95	4:15.80	4:11.40	4:44.00	4:39.00	5:40.00	5:35.00	5:52.00	5:46.00
800 米自由泳	8:29.17	8:26.71	8:53.40	8:45.20	9:42.00	9:33.00	11:36.00	11:20.00	12:05.00	11:53.00
1500 米自由泳	16:15.27	16:09.09	17:14.00	17:00.50	18:35.00	18:20.00	22:15.00	21:45.00	22:55.00	22:37.00
50 米仰泳	28.22	26.54	30.55	28.70	33.00	31.00	38.50	36.20	43.00	40.00
100 米仰泳	59.99	58.08	1:04.30	1:01.55	1:09.00	1:06.00	1:21.00	1:17.50	1:31.00	1:27.00

续表

可授予等级称号小项	国际级运动健将		运动健将		一级运动员		二级运动员		三级运动员	
	50 米池	25 米池	50 米池	25 米池	50 米池	25 米池	50 米池	25 米池	50 米池	25 米池
200 米仰泳	2:10.39	2:05.54	2:18.30	2:13.60	2:29.50	2:24.50	2:53.00	2:47.00	3:16.00	3:09.00
50 米蛙泳	31.02	30.45	31.70	30.85	36.00	34.70	41.00	40.00	44.00	42.00
100 米蛙泳	1:06.79	1:05.28	1:10.75	1:08.75	1:18.00	1:15.80	1:27.00	1:24.50	1:36.00	1:33.00
200 米蛙泳	2:23.91	2:23.38	2:36.60	2:33.60	2:51.00	2:47.00	3:13.00	3:08.80	3:25.00	3:21.00
50 米蝶泳	26.32	25.82	27.50	27.40	30.50	30.40	36.50	36.40	38.00	37.00
100 米蝶泳	57.92	57.40	1:00.50	59.00	1:08.00	1:06.00	1:20.00	1:18.00	1:23.00	1:21.00
200 米蝶泳	2:08.85	2:08.45	2:14.20	2:11.20	2:25.00	2:22.00	2:54.50	2:51.30	3:02.00	2:59.00
100 米混合泳	—	59.65	—	1:02.50	—	1:07.40	—	1:20.00	—	1:25.00
200 米混合泳	2:11.47	2:10.16	2:18.40	2:13.70	2:30.00	2:25.00	2:58.00	2:52.00	3:08.00	3:02.00
400 米混合泳	4:38.53	4:37.54	4:56.80	4:49.80	5:18.00	5:10.00	6:21.00	6:11.00	6:37.00	6:27.00

2. 上述比赛接力项目第一棒达到单项成绩标准的，可按单项成绩授予相应等级称号。

3. 同一比赛同一小项多次达到成绩标准的，只按最好成绩授予一个等级称号。

4. 上述比赛须使用自动计时计分设备、全国比赛须使用水下视频裁判，方可授予等级称号。

附录二　游泳常用专业术语英汉词汇对照表

游泳常用专业术语英汉词汇对照表

China Swimming Association	中国游泳协会
American Swimming Coaches Association	美国游泳教练员协会
Asian Games	亚洲运动会
Association	协会
College Swimming Coaches Association of America	美国大学游泳教练员协会
World Aquatics	世界游泳联合会
International Arbitrage Commission	国际仲裁委员会
International competition	国际竞赛
International grade	国际级
National Games	全国运动会
National grade	国家级
Nationality	国籍

游泳裁判常用专业术语英汉词汇对照表

Rules	规则	Postpone	延期、延迟
Olympic Games	奥林匹克运动会	World Aquatics Championships	世界游泳锦标赛
Bureau	执委会	Competition	竞赛
Appiont	任命	Executive judge	执行裁判长
Referee	总裁判长	Judge of stroke	技术检查员
Control-Room inspector	控制室检查员	Chief inspector of turns	转身检查长
Starter	发令员	Chief recorder	编排记录长
Inspector of turns	转身检查员	Announcer	宣告员
Clerk of course	检录员	Chief timekeeper	计时长

续表

Automatic officiating equipment	自动计时器	Lane	泳道
Timekeeper	计时员	Finish judge	终点裁判员
Chief finish judge	终点裁判长	Technical swimming committee	游泳技术委员会
Underwater video equipment	水下摄像装置	Marking	标志
Authority	权威	Adjudicate	裁定
Protest	抗议	Placing	名次、排名
Signal	发出信号	A short series of whistles	连续短哨音
A long whistle	长哨音	Violation	犯规
Disqualify	取消资格	Turning	转身
Start	出发	Starting signal	出发信号
Touch the wall	到边、触壁	Clear watches	回表
Start the watch	开表	Entry deadline	报名截止时间
Seed	编排	Heat	预赛组
Entry	报名	Preliminary	预赛
Final	决赛	Scratch	弃权
Semi-final	半决赛	Take your marks	各就位
Swim-off	重赛	Breaststroke	蛙泳
Freestyle	自由泳	Individual Medley	个人混合泳
Butterfly-Stroke	蝶泳	Starting grip	仰泳出发握手器
Stroke	划水	Turn to the breast	转为俯卧
Submerge	没入水中	Roll onto the back	转为仰卧
Swim upon ones back	仰卧游进	Leg kick	打腿、踢腿
Simultaneous double arm pull	双臂同时划水	Up and down motion	上下起伏
Arm stroke	手臂动作	Medley relay	混合泳接力
Lie on the side	侧卧	Swimming goggles	泳镜
Under water kicking	水下打腿	Speed	速度
Pulling on the lane rope	拉拽分道线	Results	成绩
Pacemaking	速度诱导	Lead-off swimmer	接力第 1 棒运动员
Documented medical emergency	紧急医学证明	50 meter course	50 米泳池
Average time	平均成绩	Sanction	注册
World records	世界纪录	FINA official forms	国际泳联正式表格
25 meter course	25 米泳池	Diploma	证书

续表

Tie	并列	Loudspeaker	扬声器
Doping test	兴奋剂检测	Touch panel	触板
Procedure	程序	Turn end	转身端
Qualified standard	合格标准	Elapse	流逝的时间
Starting end	出发端	Spectator readout board	成绩公告栏
Starting block	出发台	Break a world record	打破世界纪录
Spectator	观众	Interpretation of rules	规则解释
Beating the gun	抢跳	Program	秩序册
Indoor competition	室内比赛	Leaving the lane	离开泳道

游泳训练、救生常用专业术语英汉词汇对照表

Acid – base balance	酸碱平衡	Additional timekeeper	候补计时员
Aerobic energy system	有氧供能系统	Aerobic training	有氧训练
Age group	年龄组	Age-group swimmers	年龄组游泳运动员
Air expulsion	呼气量	Air inflow	吸气量
All out sprint	全力冲刺	All out	全力
Alternate arm action	两臂交替划水	Alternate	替补运动员
Anaerobic capacity	无氧能力	Alternated breathing	两侧换气
Anaerobic training	无氧训练	Anaerobic energy system	无氧供能系统
Arm cycle	划水周期	Arm movement	划臂动作
Arm pull	划臂	Anaerobic interval training	无氧间歇训练
Arm recovery	移臂	Body balance	身体平衡
Biomechanical evaluation in swimming	游泳的生物力学评价	Back crawl kick	仰泳打腿
Body of least（minimum）drag	最小阻力体	Breathing every third stroke	每划水 3 次呼吸 1 次
Buoy	漂浮	Cardiac output	心输出量
Catch up stroke	爬泳前交叉	Carbohydrates	碳水化合物
Competitor（contestant、entrant）	参赛者	Center line of the body	身体中线
Constitution	章程	Complete cycle	完整周期
Contraction of muscle	肌肉收缩	Continuity of movement	动作连贯性

续表

Cramp	抽筋	Controlled relaxed movement	有意识放松游
Depth of water	水深	Daily planning	日训练计划
Endurance swimming	耐力游	DIRT (Distance–Interval–Repeat–Time)	距离—间歇时间—反复次数—完成练习的成绩
Eyen–pace swimming	等速游	Effectiveness of the stroke	划动效力
Enter the competition arena	进入赛场	Efficiency of the pull	划水效果
Flexibility training	柔韧性训练	Energy cost	能量消耗
Glycolytic system	糖酵解系统	First downsweep	第 1 次下划
Head coach / Chief coach	主教练	High elbow catch	高肘抱水
High elbow recovery	高提肘移臂	High pressure workout	高强度训练
High quality training	高质量训练	Hydrodynamic form	流线型
Integrated workout	综合训练	Hypoxic training	憋气训练
Juniors / Junior oompetition	少年组比赛	Interval training	间歇训练
Kinesthetic sensations	肌肉运动感觉	Junior swimmer	初级游泳运动员
Lactate threshold	乳酸阈	Land practice	陆上训练
Last length	最后时刻（距离）	Long distance swimming	长距离游泳
Long course progression	大池游泳训练	Long distances at moderate speed	中速长游
Long distances at a slow pace	慢速长游	Longer glide	长滑行动作
Long sweeping pull	长划臂划水	Low pressure workout	低强度训练
Training class	培训班	Longitudinal axis	身体纵轴
Artificial respiration	人工呼吸	Aquatic first aid	水上急救
Break holds	（救生）解脱	Carry	拖带（溺水者）
Carry under arm	夹带	Chin carry	托下颌拖带法
Lifesaver	救生员	Casualty station	救护站
Life belt	救生带	Life jacket / Life vest	救生衣
Life preserver / Life ring	救生用具	Life log	救生桩
Life saving	救生	Life saving stroke	救生游法
Life ship / Life boat	救生船	Mouth–to–mouth resuscitation	嘴对嘴人工呼吸

附录三　游泳世界纪录表（截至 2025 年 5 月）

男子 25 米池游泳世界纪录表

项目	成绩	姓名	国家	时间
50 米自由泳	19.90	乔丹·克鲁克斯	开曼群岛	2024.12.17
100 米自由泳	44.84	凯尔·查尔默斯	澳大利亚	2021.10.29
200 米自由泳	1:38.61	卢克·霍布森	美国	2024.12.15
400 米自由泳	3:32.25	雅尼克·阿涅尔	法国	2012.11.15
800 米自由泳	7:20.46	丹尼尔·威芬	爱尔兰	2023.12.10
1500 米自由泳	14:06.88	弗洛里安·韦尔布罗克	德国	2021.12.21
50 米仰泳	22.11	克利缅特·科列斯尼科夫	俄罗斯	2022.11.23
100 米仰泳	48.33	科尔曼·斯图尔特	美国	2021.08.29
200 米仰泳	1:45.63	米切尔·拉金	澳大利亚	2015.11.27
50 米蛙泳	24.95	埃姆雷·萨奇	土耳其	2021.12.27
100 米蛙泳	55.28	希曼诺维奇·伊利亚	白俄罗斯	2021.11.26
200 米蛙泳	2:00.16	基里尔·普里戈达	俄罗斯	2018.12.13
50 米蝶泳	21.32	诺埃·蓬蒂	瑞士	2024.12.11
100 米蝶泳	47.71	诺埃·蓬蒂	瑞士	2024.12.24
200 米蝶泳	1:46.85	本多灯	日本	2022.10.22
100 米混合泳	49.28	凯勒布·德雷塞尔	美国	2020.11.22
200 米混合泳	1:48.88	莱昂·马尔尚	法国	2024.11.01
400 米混合泳	3:54.81	濑户大也	日本	2019.12.20
4×50 米自由泳	1:21.80	迈克尔·查德威克、杰克·康格尔、凯勒布·德雷塞尔、瑞恩·赫尔德	美国	2018.12.14
4×100 米自由泳	3:01.66	杰克·阿莱克西、克里斯·吉利亚诺、卢克·霍布森、基兰·史密斯	美国	2024.12.10
4×200 米自由泳	6:40.51	基兰·史密斯、卢克·霍布森、卡森·福斯特、谢恩·卡萨斯	美国	2024.12.13

续表

项目	成绩	姓名	国家	时间
4×50 米混合泳	1:29.72	莱昂纳多·德普拉诺、马泰奥·里沃尔塔、洛伦佐·莫拉、尼科洛·马丁嫩吉	意大利	2022.12.17
4×100 米混合泳	3:18.68	安德烈·米纳科夫、叶戈尔·科尔涅夫、基里尔·普里戈达、米罗·利芬采夫	俄罗斯	2024.12.15
男女 4×50 米自由泳	1:27.00	贝丽尔·加斯塔尔代洛、梅拉妮·埃尼克、弗洛朗·马诺杜、马克西姆·格鲁塞	法国	2022.12.16
男女 4×50 米混合泳	1:27.30	凯特·道格拉斯、尼克·芬克、瑞恩·墨菲、托丽·赫斯克	美国	2022.12.14

男子 50 米池游泳世界纪录表

项目	成绩	姓名	国家	时间
50 米自由泳	20.91	塞萨尔·小西埃洛	巴西	2009.12.18
100 米自由泳	46.40	潘展乐	中国	2024.07.31
200 米自由泳	1:42.00	保罗·比德尔曼	德国	2009.07.28
400 米自由泳	3:39.96	卢卡斯·马滕斯	德国	2025.04.12
800 米自由泳	7:32.12	张琳	中国	2009.07.29
1500 米自由泳	14:30.67	鲍比·芬克	美国	2024.08.04
50 米仰泳	23.55	克利缅特·科列斯尼科夫	俄罗斯	2023.07.23
100 米仰泳	51.60	托马斯·切孔	意大利	2022.06.20
200 米仰泳	1:51.92	阿伦·佩尔索尔	美国	2009.07.31
50 米蛙泳	25.95	亚当·皮蒂	英国	2017.07.25
100 米蛙泳	56.88	亚当·皮蒂	英国	2019.07.21
200 米蛙泳	2:05.48	覃海洋	中国	2023.07.28
50 米蝶泳	22.27	安德烈·戈沃罗夫	乌克兰	2018.07.01
100 米蝶泳	49.45	凯勒布·德雷塞尔	美国	2021.07.31
200 米蝶泳	1:50.34	米拉克·克里斯托夫	匈牙利	2022.06.21
200 米混合泳	1:54.00	瑞安·罗切特	美国	2011.07.28
400 米混合泳	4:02.50	莱昂·马尔尚	法国	2023.07.23
4×100 米自由泳	3:08.24	迈克尔·菲尔普斯、杰森·莱扎克、加勒特·韦伯·盖尔、卡伦·琼斯	美国	2008.08.11

续表

项目	成绩	姓名	国家	时间
4×200 米自由泳	6:58.55	迈克尔·菲尔普斯、大卫·沃尔特斯、瑞安·罗切特、理查德·伯恩斯	美国	2009.07.31
4×100 米混合泳	3:26.78	瑞恩·墨菲、凯勒布·德雷塞尔、迈克尔·安德鲁、扎克·阿普尔	美国	2021.08.01
男女混合 4×100 米自由泳	3:18.80	莫莉·奥卡拉汉、杰克·卡特赖特、凯尔·查尔默斯、谢娜·杰克	澳大利亚	2023.07.29
男女混合 4×100 米混合泳	3:37.40	尼克·芬克、格雷琴·沃尔什、瑞恩·墨菲、托丽·赫斯克	美国	2024.08.03

女子 25 米池游泳世界纪录表

项目	成绩	姓名	国家	时间
50 米自由泳	22.83	格雷琴·沃尔什	美国	2024.12.15
100 米自由泳	50.25	凯特·坎贝尔	澳大利亚	2017.10.26
200 米自由泳	1:50.31	西沃恩·豪伊	中国香港	2021.12.16
400 米自由泳	3:50.25	萨默·麦金托什	加拿大	2024.12.10
800 米自由泳	7:57.42	凯蒂·莱德基	美国	2022.11.05
1500 米自由泳	15:08.24	凯蒂·莱德基	美国	2022.10.29
50 米仰泳	25.23	里根·史密斯	美国	2024.12.13
100 米仰泳	54.02	里根·史密斯	美国	2024.12.15
200 米仰泳	1:58.04	里根·史密斯	美国	2024.12.15
50 米蛙泳	28.37	鲁塔·梅鲁蒂特	立陶宛	2022.12.17
100 米蛙泳	1:02.36	鲁塔·梅鲁蒂特	立陶宛	2013.10.12
100 米蛙泳	1:02.36	艾丽娅·阿特金森	牙买加	2014.12.06
100 米蛙泳	1:02.36	艾丽娅·阿特金森	牙买加	2016.08.26
200 米蛙泳	2:12.50	凯特·道格拉斯	美国	2024.12.13
50 米蝶泳	23.94	格雷琴·沃尔什	美国	2024.12.10
100 米蝶泳	52.71	格雷琴·沃尔什	美国	2024.12.14
200 米蝶泳	1:59.32	萨默·麦金托什	加拿大	2024.12.12
100 米混合泳	55.11	格雷琴·沃尔什	美国	2024.12.13
200 米混合泳	2:01.63	凯特·道格拉斯	美国	2024.12.10

续表

项目	成绩	姓名	国家	时间
400 米混合泳	4:15.48	萨默・麦金托什	加拿大	2024.12.14
4×50 米自由泳	1:32.50	玛艾克・德瓦尔德、费姆克・西姆斯科克、金・布施、拉诺米・克罗莫维焦约	荷兰	2020.12.12
4×100 米自由泳	3:25.01	亚历克斯・沙克尔、凯特・道格拉斯、凯瑟琳・伯科夫、格雷琴・沃尔什	美国	2024.12.10
4×200 米自由泳	7:30.13	沃尔什・亚历克斯、克莱尔・温斯坦、佩奇・马登、凯蒂・格赖姆斯	美国	2024.12.12
4×50 米混合泳	1:42.35	切尔西・霍格斯、麦迪逊・威尔逊、莫莉・奥卡拉汉、艾玛・麦基翁	澳大利亚	2022.12.17
4×100 米混合泳	3:40.41	凯特・道格拉斯、格雷琴・沃尔什、里根・史密斯、莉莉・金	美国	2024.12.15

女子 50 米池游泳世界纪录表

项目	成绩	姓名	国家	时间
50 米自由泳	23.61	莎拉・弗雷德丽卡・舍斯特伦	瑞典	2023.07.29
100 米自由泳	51.71	莎拉・弗雷德丽卡・舍斯特伦	瑞典	2017.07.23
200 米自由泳	1:52.23	阿里亚娜・蒂特穆斯	澳大利亚	2024.06.12
400 米自由泳	3:55.38	阿里亚娜・蒂特穆斯	澳大利亚	2023.06.23
800 米自由泳	8:04.12	凯蒂・莱德基	美国	2025.05.03
1500 米自由泳	15:20.48	凯蒂・莱德基	美国	2018.05.16
50 米仰泳	26.86	凯莉・麦基翁	澳大利亚	2023.10.20
100 米仰泳	57.13	里根・史密斯	美国	2024.06.18
200 米仰泳	2:03.14	凯莉・麦基翁	澳大利亚	2023.03.10
50 米蛙泳	29.16	鲁塔・梅鲁蒂特	立陶宛	2023.07.30
100 米蛙泳	1:04.13	莉莉・金	美国	2017.07.25
200 米蛙泳	2:17.55	奇昆诺娃・叶弗根妮娅	俄罗斯	2023.04.21
50 米蝶泳	24.43	莎拉・弗雷德丽卡・舍斯特伦	瑞典	2014.07.05
100 米蝶泳	54.60	格雷琴・沃尔什	美国	2025.05.03
200 米蝶泳	2:01.81	刘子歌	中国	2009.10.21
200 米混合泳	2:06.12	卡汀卡・霍斯祖	匈牙利	2015.08.03

续表

项目	成绩	姓名	国家	时间
400 米混合泳	4:24.38	萨默・麦金托什	加拿大	2024.05.16
4x100 米自由泳	3:27.96	莫莉・奥卡拉汉、艾玛・麦基翁、谢娜・杰克、梅格・哈里斯	澳大利亚	2023.07.23
4x200 米自由泳	7:37.50	谢娜・杰克、布里安娜・思罗塞尔、奥卡拉汉・莫利、阿里亚娜・蒂特穆斯	澳大利亚	2023.07.27
4x100 米混合泳	3:49.63	里根・史密斯、莉莉・金、托丽・赫斯克、格雷琴・沃尔什	美国	2024.08.04

附录四　我国游泳运动员获得奖牌表（截至 2024 年）

赛事名称	姓名	项目	名次	备注
2001 年福冈游泳世锦赛	罗雪娟	女子 50 米蛙泳	冠军	
	罗雪娟	女子 100 米蛙泳	冠军	
	罗雪娟	女子 200 米蛙泳	季军	
	齐晖	女子 200 米蛙泳	亚军	
	杨雨	女子 200 米自由泳	亚军	
	齐晖	女子 200 米混合泳	季军	
	中国队	女子 4×100 米混合泳接力	季军	
2003 年巴塞罗那游泳世锦赛	周雅菲	女子 200 米混合泳	季军	
	罗雪娟	女子 100 米蛙泳	冠军	
	齐晖	女子 200 米蛙泳	季军	
	罗雪娟	女子 50 米蛙泳	冠军	
	中国队	女子 4×100 米混合泳接力	冠军	
2005 年蒙特利尔游泳世锦赛	吴鹏	男子 200 米蝶泳	季军	
	朱颖文	女子 50 米自由泳	季军	
	杨雨	女子 200 米自由泳	季军	
	高畅	女子 50 米仰泳	亚军	
	中国队	女子 4×200 米自由泳接力	季军	
2007 年墨尔本游泳世锦赛	吴鹏	男子 200 米蝶泳	亚军	
	中国队	女子 4×100 米混合泳接力	季军	
2009 年罗马游泳世锦赛	张琳	男子 400 米自由泳	季军	
	张琳	男子 800 米自由泳	冠军	打破世界纪录
	孙杨	男子 1500 米自由泳	季军	
	赵菁	女子 50 米仰泳	冠军	
	周雅菲	女子 50 米蝶泳	亚军	

续表

赛事名称	姓名	项目	名次	备注
2009 年罗马游泳世锦赛	刘子歌	女子 200 米蝶泳	亚军	
	焦刘洋	女子 100 米蝶泳	季军	
	高畅	女子 50 米仰泳	季军	
	中国队	女子 4×200 米自由泳接力	冠军	
	中国队	女子 4×100 米混合泳接力	冠军	
	中国队	女子 4×100 米自由泳接力	第 6 名	
2011 年上海游泳世锦赛	叶诗文	女子 200 米混合泳	冠军	
	孙杨	男子 1500 米自由泳	冠军	打破世界纪录
	孙杨	男子 800 米自由泳	冠军	
	吴鹏	男子 200 米蝶泳	季军	
	孙杨	男子 400 米自由泳	亚军	
	赵菁	女子 100 米仰泳	冠军	
	焦刘洋	女子 200 米蝶泳	冠军	
	陆滢	女子 100 米蝶泳	季军	
	刘子歌	女子 200 米蝶泳	季军	
	季丽萍	女子 100 米蛙泳	季军	
	李玄旭	女子 1500 米自由泳	季军	
	中国队	男子 4×200 米自由泳接力	季军	
	中国队	女子 4×100 米混合泳接力	亚军	
	中国队	女子 4×200 米自由泳接力	季军	
2013 年巴塞罗那游泳世锦赛	孙杨	男子 400 米自由泳	冠军	
	孙杨	男子 800 米自由泳	冠军	
	孙杨	男子 1500 米自由泳	冠军	
	吴鹏	男子 200 米蝶泳	季军	
	刘子歌	女子 200 米蝶泳	冠军	
	赵菁	女子 50 米仰泳	冠军	
	傅园慧	女子 50 米仰泳	亚军	
	陆滢	女子 50 米蝶泳	亚军	
	中国队	男子 4×200 米自由泳接力	季军	

续表

赛事名称	姓名	项目	名次	备注
2015 年喀山游泳世锦赛	孙杨	男子 400 米自由泳	冠军	
	孙杨	男子 800 米自由泳	冠军	
	宁泽涛	男子 100 米自由泳	冠军	
	孙杨	男子 200 米自由泳	亚军	
	汪顺	男子 200 米混合泳	季军	
	傅园慧	女子 50 米仰泳	冠军	
	陆滢	女子 100 米蝶泳	季军	
	刘湘	女子 50 米仰泳	季军	
	史婧琳	女子 200 米蛙泳	季军	
	陆滢	女子 50 米蝶泳	季军	
	张雨霏	女子 200 米蝶泳	季军	打破世界青年纪录
	李广源	男子 200 米仰泳	第 8 名	打破世界青年纪录
	李朱濠	男子 100 米蝶泳	第 8 名	打破世界青年纪录
	陈欣怡	女子 100 米蝶泳	第 6 名	打破世界青年纪录
	中国队	女子 4 × 100 米混合泳接力	冠军	
	中国队	女子 4 × 200 自由泳接力	季军	
2017 年布达佩斯游泳世锦赛	孙杨	男子 400 米自由泳	冠军	
	孙杨	男子 200 米自由泳	冠军	打破亚洲纪录
	徐嘉余	男子 100 米仰泳	冠军	
	汪顺	男子 200 米混合泳	季军	
	傅园慧	女子 50 米仰泳	亚军	
	李冰洁	女子 800 米自由泳	亚军	打破亚洲纪录
	李冰洁	女子 400 米自由泳	季军	
	史婧琳	女子 200 米蛙泳	季军	
	中国队	女子 4 × 200 米自由泳接力	亚军	
	中国队	男女 4 × 100 米混合泳接力	季军	
2019 年光州游泳世锦赛	孙杨	男子 400 米自由泳	冠军	
	孙杨	男子 200 米自由泳	冠军	

续表

赛事名称	姓名	项目	名次	备注
2019 年光州游泳世锦赛	徐嘉余	男子 100 米仰泳	冠军	
	叶诗文	女子 200 米混合泳	亚军	
	叶诗文	女子 400 米混合泳	亚军	
	闫子贝	男子 100 米蛙泳	季军	
	王简嘉禾	女子 1500 米自由泳	季军	
1988 年汉城奥运会	庄泳	女子 100 米自由泳	亚军	
	黄晓敏	女子 200 米蛙泳	亚军	
	杨文意	女子 50 米自由泳	亚军	
	钱红	女子 100 米蝶泳	季军	
1992 年巴塞罗那奥运会	庄泳	女子 100 米自由泳	冠军	
	钱红	女子 100 米蝶泳	冠军	
	林莉	女子 200 米个人混合泳	冠军	
	杨文意	女子 50 米自由泳	冠军	
	林莉	女子 400 米混合泳	亚军	
	林莉	女子 200 米蛙泳	亚军	
	王晓红	女子 200 米蝶泳	亚军	
	庄泳	女子 50 米自由泳	亚军	
	中国队	女子 4×100 自由泳接力	亚军	
1996 年亚特兰大奥运会	乐靖宜	女子 100 米自由泳	冠军	
	刘黎敏	女子 100 米蝶泳	亚军	
	乐靖宜	女子 50 米自由泳	亚军	
	林莉	女子 200 混合泳	季军	
	中国队	女子 4×100 自由泳接力	亚军	
	中国队	女子 4×100 混合泳接力	季军	
2004 年雅典奥运会	罗雪娟	女子 100 米蛙泳	冠军	
	中国队	女子 4×200 米自由泳接力	亚军	

续表

赛事名称	姓名	项目	名次	备注
2008 年北京奥运会	张琳	男子 400 米自由泳	亚军	
	刘子歌	女子 200 米蝶泳	冠军	
	焦刘洋	女子 200 米蝶泳	亚军	
	庞佳颖	女子 200 米自由泳	季军	打破世界纪录
	中国队	女子 4×200 米自由泳接力	亚军	
	中国队	女子 4×100 米混合泳接力	季军	
2012 年伦敦奥运会	孙杨	男子 400 米自由泳	冠军	打破奥运会纪录
	孙杨	男子 200 米自由泳	亚军	
	孙杨	男子 1500 米自由泳	冠军	打破世界纪录
	叶诗文	女子 400 米混合泳	冠军	打破世界纪录
	叶诗文	女子 200 米混合泳	冠军	
	焦刘洋	女子 200 米蝶泳	冠军	
	陆滢	女子 100 米蝶泳	季军	
	唐奕	女子 100 米自由泳	季军	
	李玄旭	女子 400 米混合泳	季军	
	中国队	男子 4×200 米自由泳接力	季军	
2016 年里约奥运会	孙杨	男子 200 米自由泳	冠军	
	孙杨	男子 400 米自由泳	亚军	
	徐嘉余	男子 100 米仰泳	亚军	
	汪顺	男子 200 米混合泳	季军	
	傅园慧	女子 100 米仰泳	季军	
	史婧琳	女子 200 米蛙泳	季军	
2021 年东京奥运会	汪顺	男子 200 米混合泳	冠军	
	张雨霏	女子 200 米蝶泳	冠军	
	张雨霏	女子 100 蝶泳	亚军	
	李冰洁	女子 400 米自由泳	季军	
	中国队	女子 4×200 米自由泳接力	冠军	
	中国队	男女 4×100 米混合泳接力	亚军	

续表

赛事名称	姓名	项目	名次	备注
2024 年巴黎奥运会	潘展乐	男子 100 米自由泳	冠军	打破世界纪录
	中国队	男子 4×100 米混合泳接力	冠军	
	中国队	混合 4×100 米混合泳接力	亚军	
	徐嘉余	男子 100 米仰泳	亚军	
	中国队	女子 4×100 米自由泳接力	季军	
	张雨霏	女子 100 米蝶泳	季军	
	张雨霏	女子 200 米蝶泳	季军	
	中国队	女子 4×200 米自由泳	季军	
	汪顺	男子 200 米个人混合泳	季军	
	张雨霏	女子 50 米自由泳	季军	
	中国队	女子 4×100 米混合接力	季军	

参考文献

［1］梅雪雄．游泳（第三版）［M］．北京：高等教育出版社，2007.

［2］陈安平．大学体育教程［M］．北京：人民体育出版社，2010.

［3］陈安平．当代大学体育［M］．北京：北京体育大学出版社，2009.

［4］方千华，陈安平，张辉．游泳与救生［M］．北京：高等教育出版社，2022.

［5］温宇红．游泳教学和训练双语教材［M］．北京：北京体育大学出版社，2009.

［6］陈武山．游泳运动教程［M］．北京：人民体育出版社，2007.

［7］田麦久．运动训练学（第二版）［M］．北京：高等教育出版社，2017.

［8］于学忠，周荣斌．中华医学百科全书・急诊医学［M］．北京：中国协和医科大学出版社，2018.

［9］国家体育总局职业技能鉴定指导中心、中国救生协会．游泳救生员：游泳池救生［M］．北京：高等教育出版社，2010.

［10］梅冰．内科急症［M］．北京：科学出版社，2010.

［11］赵斌，张钧，刘晓莉．体育保健学（第六版）［M］．北京：高等教育出版社，2018.

［12］全国体育院校教材委员会．游泳运动［M］．北京：人民体育出版社，2001.

［13］（美）科斯蒂尔，马格利索，理查德森．运动医学与科学手册：游泳［M］．温宇红，译．北京：人民体育出版社，2002.

［14］中国游泳协会．年龄组游泳教学训练大纲［M］北京：人民体育出版社，2006.

［15］（日）吉村丰，高桥雄介．游泳技巧图解［M］．边静，李香，贾朝勃，译．北京：北京体育大学出版社，1999.

［16］（美）鲁本・古斯曼．游泳技法练习［M］．温宇红，译．北京：人民体育出版社，2000.

［17］全国体育学院教材委员会．奥林匹克运动［M］．北京：人民体育出版社，2001.

[18]（美）迪克·哈努拉 . 游泳成功教学（第二版）[M]. 高捷，李久全，译 . 北京：北京体育大学出版社，2007.

[19] 中国游泳协会游泳裁判委员会 . 游泳竞赛组织与裁判方法 [M]. 北京：人民体育出版社，2005.

[20] 人邮体育，何海滨 . 图解游泳基础技术与训练 [M]. 北京：北京人民邮电出版社，2023.

[21] 陈慧佳 . 图解游泳运动：从入门到精通 [M]. 北京：人民邮电出版社，2023.

[22] 陈堪富，陈佳，黄茂林 . 大学生体育与健康 [M]. 天津：天津科学技术出版社，2023.

[23] 肖丽，戴俊 . 大学体育与健康教程 [M]. 南京：南京大学出版社，2021.

[24] 游泳运动教程编写组 . 游泳运动教程 [M]. 北京：北京体育大学出版社，2013.

[25] Bartneck C . SWIM TRAINING PATTERNS: Plan your Training Sessions with the Power of Mathematics [M]. Boca Raton: CRC Press, 2025.

[26] Sheaff A. A Constraints-Led Approach to Swim Coaching [M]. Oxford: Taylor and Francis, 2023.

[27] Organization H W. Preventing drowning: Practical guidance for the provision of day-care, basic swimming and water safety skills, and safe rescue and resuscitation training [M]. Geneva: World Health Organization, 2022.

[28] KARL L. Swimming [M]. New York : State University of New York Press, 2015.

[29] John G M. Swimming Science : Optimizing Training and Performance [M]. Chicago : University of Chicago Press, 2018.

[30] Salo D, Riewald S A. Complete conditioning for swimming [M]. Champaign : Human kinetics, 2008.

[31] Colwin, Cecil M. Breakthrough swimming [M]. Champaign: Human kinetics, 2002.

[32] McLeod, Ian A. Swimming anatomy [M]. Champaign : Human Kinetics, 2009.

[33] Shapton, Leanne. Swimming studies[M]. New York : Penguin, 2016.